はじめての
子ども教育原理

INTRODUCTION TO EARLY CHILDHOOD
EDUCATION AND CARE

編・福元真由美

有斐閣ストゥディア

はしがき

　この本は，幼稚園教員，小学校教員，保育士の免許・資格を取得するために，はじめて保育・教育を学ぶ人を主な対象に執筆されました。専門的な学習の入門書にふさわしくなるように，できるだけわかりやすい記述を心がけ，大事なところはポイント（POINT）として整理し，基礎的な知識を無理なく学んでもらえるようにしています。このため，保育・教育についてもう一度学びたいという現職の教師や保育士，現代の保育・教育を知りたいという社会人や保護者にとっても，基本的な知識を身につけることができるものになっています。

　「子ども教育」は，乳幼児期から児童期にかけての育てる営み，教える営みをひと続きの流れでとらえる言葉です。一般的には，乳幼児期に「保育」，児童期に「教育」の言葉が多く使われます。これは，日本の法令や制度，発達段階の考え方などによるものです。しかし国際的には，先進諸国で0歳から8歳くらいまでの発達や教育が一貫して考えられるようになり，カリキュラムや教育の方法を基礎づけています。日本でも，幼児期の教育と児童期の教育の接続は今日的な課題になっています。こうしたことから，この本では保育と教育をともに考える視座を得るために「子ども教育」という言葉を使うことにしました。あわせて，保育者と教師を「子ども教育者」と表現しています。もちろん，乳幼児期の保育，児童期の教育には，それぞれに固有のことがらや働きかけがあります。それらを示すときには，「保育」と「教育」，「保育者」と「教師」と使い分けています。

　さて，ページをめくっていただくと，子ども教育についての素朴な問いから学びがスタートするように構成されていることがわかるでしょう。みなさんは長きにわたって教育を受けてきて，教育の何たるかをおよそ知っていると思います。その知っていることのなかには，「教育はこういうものだ」と当たり前のこととして受け入れてきたものもあるのではないでしょうか。当たり前と思っていた教育の見方をあらためて問うことで，学ぶこと，教えることについてより深く理解したり，新しい視点から考えたりすることができます。はじめから専門的に考えようとする必要はありません。自分のこれまでの経験が子ど

i

も教育を考える材料になると思って，いろいろな問いに思いつくまま答えてほしいと思います。そのように読み進めて，教育について考えることがおもしろい，もっと深く学びたい，という気持ちをもってもらえれば，この本は大きな役目を果たせたことになります。

　この本を通して，子ども教育の一つの学び方——問いからはじめる——を知ってもらうことができれば，心から嬉しく思います。

　2017年4月

著者を代表して　福元　真由美

■インフォメーション■

- **●各章のツール**　各章には，WHITEBOARD, KEYWORDS, QUESTION, EPISODE, POINT が収録されており，適宜 Column, note が挿入されています。
  - *本文中の重要な語句を太字（ゴシック体）にし，章の冒頭に KEYWORDS 一覧として示しています。
  - *学びのスイッチを入れるツールとして，「考えてみよう」と読者へ問いかける WHITEBOARD, QUESTION を設けています。
  - *実際の取り組みなどをもとにして，子ども教育の実践について考えるきっかけとなるような EPISODE を掲載しています。
  - *各節や章の要点をわかりやすく簡潔にまとめた POINT を用意しています。
  - *本文の内容に関連したテーマを，読み切り形式で Column として適宜解説しています。
- **●文　献**　本文中の引用文献は（著者名, 出版年）として示し，巻末に詳細な文献情報を載せています。
- **●索　引**　巻末に，索引を精選して用意しました。より効果的な学習に役立ててください。
- **●ウェブサポートページ**　本書を利用した学習をサポートする資料を提供していきます。
  http://www.yuhikaku.co.jp/static/studia_ws/index.html

著者紹介

福元　真由美（ふくもと　まゆみ）担当：序章，第 4, 8, 10 章，第 7, 11 章（共著）
青山学院大学教育人間科学部教授
　主　著
　　「幼小接続カリキュラムの動向と課題――教育政策における 2 つのアプローチ」『教育学研究』81(4), 2014 年．
　　『幼児教育課程総論――豊かな保育実践を構想するために』（共編）樹村房，2011 年．

伊集院　理子（いじゅういん　みちこ）　　　　　　　　　　担当：第 1 章
十文字女子大附属幼稚園園長
　主　著
　　『新保育ライブラリ 保育内容 環境』（分担執筆）北大路書房，2009 年．
　　『事例で学ぶ保育内容 領域 言葉』（分担執筆）萌文書林，2008 年．

赤石　元子（あかいし　もとこ）　　　　　　　　　　　　　担当：第 2 章
明治学院大学心理学部特命教授
　主　著
　　『今日から明日につながる保育――体験の多様性・関連性をめざした保育の実践と理論』（共同監修）萌文書林，2009 年．
　　『新保育シリーズ 保育内容 環境』（共編）光生館，2009 年．

坂上　裕子（さかがみ　ひろこ）　　　　　　　　　　　　　担当：第 3, 9 章
青山学院大学教育人間科学部教授
　主　著
　　『問いからはじめる発達心理学――生涯にわたる育ちの科学』（共著）有斐閣，2014 年．
　　『子どもの反抗期における母親の発達――歩行開始期の母子の共変化過程』風間書房，2005 年．

浅井　幸子（あさい　さちこ）　　　　　　　　　　　　　　担当：第 5, 6 章
東京大学大学院教育学研究科教授
　主　著

『教師の声を聴く――教職のジェンダー研究からフェミニズム教育学へ』（共編）学文社，2016年。
『教師の語りと新教育――「児童の村」の1920年代』東京大学出版会，2008年。

秋山　麻実（あきやま　あさみ）　　　　　　担当：第7，11章（共著）
山梨大学大学院教育学研究科教授
主　著
「『生と死の教育』と道徳教育の間」『山梨大学教育人間科学部附属教育実践総合センター研究紀要』20⑽，2015年。
「17世紀イングランドの教科書の展開と子どもの死の物語」『山梨大学教育人間科学部紀要』15，2014年。

目次

CHAPTER 0 子ども教育ってなんだろう？ ……………………………… 1

1. 「教育」の意味を探ろう ▶教育の理念 …………………… 2
   education の歴史をひもとく（2）　教育のなかのケア（3）
2. 何をどう学ぶか ……………………………………………… 4
   カリキュラムとは（4）　教室の風景と学び方（6）
3. 国際的な保育への関心 ……………………………………… 9

第1部　子ども教育の基本

CHAPTER 1 子ども教育の遊びと学び ………………………………… 13

1. 子どもにとって遊びとは …………………………………… 14
2. 子どもたちはどのように遊ぶのか ………………………… 17
   自分の居場所を見つける（17）　1人ひとりに応じた教師のかかわり（18）　1人ひとりに応じながら遊びをつなげていく（19）
3. 豊かな遊びの展開を支える教師のかかわり ……………… 21
   ▶遊びの援助
   夢中になる体験（21）　機会をとらえた体験の広がり（23）　葛藤を潜り抜ける体験（25）
4. 遊びのなかでの子どもたちの学び ………………………… 27

5 遊びのなかでの学びを小学校の学びへつなげる ……… 29

CHAPTER 2 子どもが育つ環境　33
学びをつむぐ豊かな環境とは

1 子どもの育ちと学びを支える園・学校環境 …………… 35
　子どもが遊び、学ぶ環境（35）　多様な体験を生み出す自然環境（37）　文化を伝える環境（38）

2 学びをつむぐ環境 ………………………………………… 40
　子どもが主体的に活動する環境の構成（40）　状況に応じた環境の再構成（42）　応答的・持続的な環境（43）

3 「環境を通して行う教育」における教師の役割 ……… 44
　メッセージを込めた環境をつくる（44）　子どもと環境をつなぐ（48）

CHAPTER 3 子どもの発達　51
発達を支え，促す学びの方法

1 発達とは何か ……………………………………………… 52
　生涯にわたるプロセスとしての発達（52）　何が発達を形づくるのか——遺伝と環境（53）

2 どう学び，教育するのか？ ……………………………… 57
　学びや学習についてのさまざまな見方（57）　学習観の変化がもたらしたもの（60）

3 発達に応じた学びとは　▶発達段階と発達課題 ……… 61
　発達の時期的区分——発達段階（61）　各時期の発達における中心的テーマ——発達課題（62）

4 社会や文化のなかでの学び ……………………………… 65
　文化によって異なる子ども観と発達期待（67）

CHAPTER 4　子ども教育者という仕事　69
ともに学び育つために

1　子どもの育ちと学びを促す … 70
出会いから関係づくりへ（70）　保育・授業という営み（71）

2　求められる教育者の資質 … 74
社会からの期待（74）　保育者に求められること（75）
教育者へのまなざし──教育者像のうつり変わり（76）

3　教育者は，どのように育つ？ … 77
教育者の成長（77）　成長を支えるメンタリング（79）

4　制度から見る子ども教育者 … 81
資質と専門性を約束する──免許と登録の制度（81）　教育者の歴史を振り返って（83）

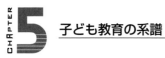

第2部　子ども教育の理念と歴史

CHAPTER 5　子ども教育の系譜　89
子どもはなぜ園・学校に通うのか

1　小学校の成立と展開 … 90
公教育・国民教育・義務教育（90）　学校に通う子ども・通わない子ども（93）

2　幼稚園と保育所の成立と展開 … 98
幼稚園（98）　保育園（保育所・託児所）（100）　幼保一元化の課題（102）

3　教育の方法とその改革 … 104
一斉授業の導入（104）　新教育の試み（106）　戦後の教育改革（108）

CHAPTER 6 子どもという存在 … 111
子どもはいかに発見されたか

1 保護される子ども …………………………………… 112
  子どもの救済と保護（112）　戦後の子ども保護（114）
  処罰と保護（116）

2 子どもへのまなざし ………………………………… 118
  科学的な子ども研究（118）　子どもの個性と固有名の子ども（121）　童心主義と新中間層（122）

3 市民としての子ども ………………………………… 124
  子どもの権利（124）　レッジョ・エミリアの幼児教育（127）

CHAPTER 7 子ども教育について考える … 131
先人たちの知恵に学ぼう

1 すべての子どもに教育を ……………………………… 132

2 政治参加主体の養成 …………………………………… 133

3 子どもという存在を尊重する ………………………… 134

4 教育の平等という思想と国家 ………………………… 137

5 経済社会と教育機会 …………………………………… 138
  効率性を求めて（139）　つくりだされる不平等（140）

6 子どもの育ちと社会との関係 ………………………… 142
  教育と社会の結び直し（142）　学校教育をとらえ直す（143）

CHAPTER 8　子ども教育を支える仕組み　147
豊かな学びを実現するために

1　学校の体系を知ろう　▶段階と系統 ……………………… 148
　　学校の段階（148）　学校の系統（149）　日本と諸外国の教育（150）

2　法から見える教育の仕組み ……………………………… 152
　　教育の理念と目的（152）　学校の基本（154）　保育所と認定こども園（155）

3　目指す教育を実現するために …………………………… 157
　　教育行政の原則と教育委員会（157）　子ども教育の財政（159）

4　教育活動を支える組織と運営 …………………………… 161
　　学級とは（161）　園・学校の運営（162）　保護者・地域との連携（163）

第3部　子ども教育の現代

CHAPTER 9　気になる子の理解と対応　169
子どもの問題にどう向き合うか

1　現代の子どもの育ちの問題 ……………………………… 170

2　子どもの問題を読み解く ………………………………… 172
　　発達の視点から問題をとらえる（172）　誰にとっての問題か（173）　システムの視点から問題をとらえる（173）

3　発達障害を理解する ……………………………………… 175
　　発達障害とは（175）　発達障害と虐待（177）　発達障害への誤解（178）　気になる子どもをめぐる支援——インクルーシブな支援を目指して（179）　気になる子への個別的

な支援（181）　他児への支援（182）　学級全体への支援（183）　連携のうえに成り立つ支援（183）

CHAPTER 10　子どもの育ちと学びをつなぐ　187
幼児期から児童期へ

1　なぜ，幼小をつなぐのか？ …………………… 188
質の高い教育を求めて（188）　小1プロブレム（189）

2　教育の段差はなぜできるのか …………………… 190
幼小の違いって？（190）　園と小学校の関係は？（192）

3　幼小の連携・接続に向けて …………………… 193
さまざまな交流――教育者，子ども，親（194）　スタートカリキュラムとアプローチカリキュラム（195）　協同的な学び（197）　幼児期から児童期の教育をつなぐ（198）

CHAPTER 11　これからの社会と子ども教育　201
どんな大人に育ってほしいか

1　あらためて公教育を考えよう …………………… 202
公教育の原則（202）　社会とは？ 自由とは？（203）

2　公共とは何か　▶教育内容をめぐって …………………… 205

3　教育がもたらす豊かさとゆがみ …………………… 206
資本主義と教育・福祉（206）　教育の平等を問う（208）

4　グローバル化時代の課題とは …………………… 210
グローバル化する社会（210）　シティズンシップ教育（211）　コンピテンシー（212）　ローカルな文化の尊重（213）

5　これからの教育と子育てを展望しよう …………………… 213
対話と協働から生まれる生活と学び（213）　つながる地域

の子育てへ (215)

引用文献　219

事項索引　226

人名索引　231

Column ● コラム一覧

① 「発達」の語とイメージ･････････････････････････････････5
② ピアジェによる認知構造の発達段階･････････････････････63
③ 教育機会確保法･･････････････････････････････････････96
④ 子ども期は消えたか？･･･････････････････････････････125
⑤ ルソーの思想における政治と教育･････････････････････134
⑥ 銀行型教育と課題提起型教育･････････････････････････143
⑦ 「障害」の表記について･････････････････････････････171
⑧ 子ども同士をつなぐ･････････････････････････････････195
⑨ 隠れたカリキュラム（ヒドゥン・カリキュラム）･･････209

イラスト：山口みつこ
（p.81, 204, 212は除く）

本書のコピー，スキャン，デジタル化等の無断複製は著作権法上での例外を除き禁じられています。本書を代行業者等の第三者に依頼してスキャンやデジタル化することは，たとえ個人や家庭内での利用でも著作権法違反です。

CHAPTER

序章

子ども教育ってなんだろう？

WHITEBOARD

- ●「教育」にはどのような意味があるだろうか
- ●学ぶ内容や方法はどう考えられてきたのだろうか
- ●どのような関心が子ども教育に向けられているだろうか

KEYWORDS

education　educare　カリキュラム　教育計画　学びの総体　一斉授業　オープン・スクール　レッジョ・エミリア　アクティブ・ラーニング　OECD　ユネスコ　保育への公共投資と経済効果

1 「教育」の意味を探ろう

▶教育の理念

> **QUESTION**
> みなさんは「教育」と聞くと、どんなことをイメージしますか？ さまざまな教育の場面を想像し、自分の体験から「教育」の意味を考えてみましょう。

educationの歴史をひもとく

　現代の私たちにとって、「教育」という言葉はなじみ深いものです。もともと「教育」はeducationの翻訳語で、明治期に入ってから使われるようになった言葉です。そこで、educationの意味を歴史的にさかのぼることから「教育」の意味の広がりをとらえてみましょう。

　educationは、じつはラテン語のeducatio（エデュカシオ）を英語に訳したものです。この語のもとにはeduco（エデュコ）という動詞があって、やがてeducere（エデュケレ）とeducare（エデュカレ）という言葉に分かれました。educereは「引き出す」の意味で、産婆が母体から赤ちゃんを引き出すことを表していました。この意味は、古代ギリシャの哲学者ソクラテスによる産婆術★の系譜に受け継がれていきます。またeducareは「養う」の意味で、乳母が生まれた子どもに授乳し育てることを表していました。したがってeducationという言葉は、本来は人の生命のサイクルにかかわる「産む・育てる（産育）」という2つの意味を引き継いでいたのです（寺崎, 1995）。

　近代になると、人々の暮らしに溶けこんでいた教育は「学校」という特別な場所で集中して行われるようになりました（⇨第5章）。これにともなって教育のeducere「引き出す」（英語のeduce）の部分が注目されます。そして「子どもの能力を引き出す」という意味が新たに加えられ、強調されるようになりま

---
note
★ ソクラテスの産婆術とは、相手の考えや理論に対して質問を繰り返すことによって、相手に新しいものの見方を生み出させる対話の方法です。

した。さらに学校に期待された知識・技能を教えること，習慣づくりの訓練が「教育」として語られるようにもなります。しかし，同時に教育のもっていた，子どもが生まれ育つことに携わるという産育の意味は忘れられてしまいます。

現代は，学校をモデルにして「教育」を語ることが多いでしょう。では学校は教育の理想を実現する場になっているかといえば，かならずしもそうではなく，いじめや不登校，学力格差などの問題を生じさせています。これまで見てきた意味の広がりをはじめとして教育の豊かさをとらえ直すことは，学校教育を見直す手がかりになるかもしれません。

教育のなかのケア

教育＝「能力を引き出す」「知識・技能を教える」の考えが定着することで，教育の技術的な側面をゆだねられた学校はその役割を大きくし，近代の教育を確かなものにしました。けれども，教育のもう1つの意味educareの部分は見失われていきました。学校の抱えるさまざまな問題に対して，このeducareの営みを教育に取り戻すことが必要と考えられるようになりました。

佐藤（1997）によれば，そもそも文化を伝え学ぶことは，近代より前から人々の暮らしのなかで労働や祈りやケアとともに共同体全体の営みにうめこまれていました。「ケア」には「世話をする」のほかに，「気づかう，心配する，かまう，好む，愛する，望む」などの意味があります。その言葉のもとをたどると「（相手や対象のために）心をくだく」という意味になるそうです。言葉の内にcareを含むeducareの核心は，ここにあります。educareは人の生きること，育つことに心をくだき，かかわっていく営みなのです。

近代の教育は，大人が子どもに一方的に働きかける（引き出す・教える）関係を前提にしていました。これに対して，educareは子どもと大人がともに主体的にやりとりする応答的な関係に基づいています。その応答性を支えているのは，相手の弱さや悩みや願いに応じようとすること，相手との関係のなかに生きて相手のために心をくだくことです。学校教育にeducareの営みを回復させることによって，子どものつまずきや悩みや願いをもとに育ちあい学びあうかかわりを回復していくことが現代の教育の課題といえるでしょう。

一方，保育所や幼稚園の保育は，ケアすることと教育することの両方を重視

してきました。「保育」という言葉は，「保護」と「教育」からなるといわれています。「保護」は子どもを守り世話することであり，「教育」はしつけも含めて文化を伝承することです。「保育」を英訳すると"early childhood education and care"になり，「教育」と「ケア」を含むことがより明らかです。もしかしたら「保育」は，対象とする子どもが幼いものであるために，古来の「教育」の意味に非常に近いのかもしれません。本書で乳児期から児童期を対象に「子ども教育」と表現しているのも，このように保育と教育の本質的に重なっている部分に注目しているからなのです。

POINT

「教育」の 2 つの意味
- 引き出す…大人が子どもに一方的に働きかける関係
- ケアする…大人と子どもの応答的な関係

⇨学校教育にケアを取り戻すことが今日の課題

 何をどう学ぶか

QUESTION

これまで経験してきた保育や授業の様子と教室の風景を思い出し，それらの特徴を話し合いながら，何をどのように学んできたかを考えてみましょう。

カリキュラムとは

みなさんは，**カリキュラム**（curriculum）という言葉を聞いたことがあるでしょうか。カリキュラムの語源は，ラテン語の currere（クッレレ）という「走る」の意味の動詞にあります。その活用形から「（競技場の）コース，走路」という意味が生まれました。英語圏では，カリキュラムは「人生のコース」「履歴書」を意味する言葉として使われるようになります。

これが転じて，カリキュラムは学校でいつ，何をどのような順序で教えるかという「**教育計画**」を意味する用語として定着しました。「教育計画」として

Column ❶ 「発達」の語とイメージ

みなさんは子どもの発達をどのようなイメージでとらえていますか？

日本語の「発達」という語は，あるべき姿に向かう直線的で一方向に進むイメージをもっています。漢字の「発」は「弓をはじいて矢をとばすこと」で，「達」は「羊のお産のようにすらすらと通ること」を表しています。つまり「発達」は，弓が目標に向かって途中でつかえずにいきつく運動を意味しています。「発達」の語は，からだの成長や能力の増大という右肩上がりの進歩や向上を連想させるものなのです。

欧米で「発達」を意味する語は，日本語とはまた別のイメージをまとっています。英語の "development" の動詞は "develop" です。"develop" の語源は，否定を表す "des" ＋ "veloper" で "veloper" には「包む」という意味がありました。手紙を包む封筒の "envelope" も "veloper" を語源としています。ここから "development" の本来の意味は，「包む」ことを否定する，つまり「包みをといて中身がでてくる」ことなのです。ドイツ語の "Entwicklung" は「もつれた毛糸玉がほどける状態」をさし，その動詞の "Entfaltung" は「折り畳んだものを広げる」ことを意味しています。英語やドイツ語の「発達」は，包んだり折り畳んだりもつれたりしたものを開くと，なかから何かが現れてくるような動きの感覚をもった言葉なのです。

人間の発達に大きな道筋があることは認められていますが，現代の教育学では，子どもの発達はさまざまな紆余曲折や浮き沈みを経つつ，1人ひとり個性的な過程をたどるものと考えられています（発達については⇨第**3**章）。私たちもさまざまな発達のイメージをもち，目の前の子どもの育つ姿を豊かにとらえられるようになりたいですね。

のカリキュラムの公的な枠組みは，日本では学習指導要領と幼稚園教育要領です。学習指導要領は，国語や算数や音楽や体育という文化（学問）の専門性による教科を中心に，学年という発達の段階に即して教育内容をならべています。幼稚園教育要領★は，幼児の発達の側面から5つの領域（健康・人間関係・環境・言葉・表現）を設定しています。そして領域ごとに，幼児期の終わりまでに育ってほしい生きる力の基礎となる資質・能力などを示しています。

───── note

★ 本書では，2017年3月告示，2018年施行の新幼稚園教育要領を参照しています。

学校・園は，教育基本法と学校教育法の示す教育の目的・目標，および学習指導要領や幼稚園教育要領に従って，全体的な教育の計画を作成します。これを「教育課程」といいます★。教育課程は，日々の教育実践や行事などの組織的な活動の基盤に位置づけられています。

　カリキュラムは，長い間，教育者があらかじめ教える内容を決めて順番にならべ，授業時間を配分した計画であるととらえられてきました。しかし現代では，大人が子どもの学習を一方的に操作するカリキュラムや，形式的な知識の集まりにすぎないカリキュラムは批判されています。同時にカリキュラムの概念は広げられ，子ども自身の学びの過程や経験の意味を含めて理解されるようになりました（Kliebard, 1987; Pinar et al., 1995）。

　たとえば佐藤（1998）は，子どもの「**学びの総体**」としてカリキュラムを定義し直しています。ここでいう「学び」は，いわゆる知識や技能の獲得のみを意味するのではありません。それよりも，子どもがどのように対象にかかわりその意味を見出しているか，他者と関係を築いているか，自らの内的な世界を編み直しているかが「学び」ととらえられています。カリキュラムは，教育の内容や教材を組織するだけでなく，子どもの学びの道すじや経験の意味を探究する教育者の構想と評価のたえざる過程から創りだされるものと考えられています。すなわち，教える大人ではなく，学ぶ子どもを中心にカリキュラムをデザインする方向が示されるようになりました。

教室の風景と学び方

　教師の説明や質問を中心に活動が進み，子どもたちが同じ時間に同じ内容をそろって学ぶ形式の授業を**一斉授業**といいます。これまでの学校教育では，教科書を使って同じ学年の子どもがどの学校でも共通の内容を学ぶことを重視してきました。そのため教室の風景は，黒板と教卓が前にあって，児童・生徒1人ひとりの机と椅子が前方に向かって整然とならんでいるというのが一般的でした。このような教室の配置は，1人の教師が多くの子どもに同じ知識を効率的に伝達することに適しています。教室では子どもたちが同時に授業を受けて

---

note
★　保育所では「保育課程」といいます。

いますが，先生の話を理解する，ノートをとる，問題を解くなどの活動は，主に個人的な作業として進みます。ときに競争的な学習ゲームがとり入れられることもあるでしょうが，ゲームそのもののおもしろさを味わうよりも学習の正確さと効率化が求められています。学習者である子どもは，学習の到達目標にどの程度達したかをテストによって測られ，順位づけされていくことになります。

このような教室の風景と学び方は，産業革命期に次世代の労働者を大量に育成しなければならなかった西欧や，その進んだ文化を短期間でとり入れようとした日本などの後進的な国々に広がりました。やがて近代化・産業化によって社会が成熟していくにつれ，注入的で画一的な教育方法に対する批判も生まれてきました。1960〜70年代にイギリスやアメリカで流行した**オープン・スクール**は，教室の壁をとり払い，廊下をワーク・スペースにしたり，多目的ホールを設けたりして学びの風景を一変させます。教師中心の一斉授業の場であった従来の教室に対し，オープン・スペースでは子ども1人ひとりの興味や個性に応じた学習が中心です。オープン・スペースには個人やグループで活動するためのテーブルや椅子，多様な参考書や視聴覚教材，コンピュータなどが置かれ，それぞれの方法とペースで学ぶことを支えました。

その後も，アメリカやカナダ，ヨーロッパでは子どもを中心とする授業改革が進められてきました。教室の風景と学び方に関しては，少ない人数の教室でグループによる話し合い中心の協同学習や，ある主題について調査・検討した

ことを発表や作品で共有する学習で，個性的で発見的な探究や創造的な表現が重視されました。イタリアの**レッジョ・エミリア**の幼児学校は，「プロジェッタツィオーネ（プロジェクト）」という活動で注目されています。これは，数日から数カ月かけて子どもたちがテーマを共有し，グループで協同的に活動する取り組みです。ライオンの石像を表現する活動では，石像をカメラで撮影したり，粘土で足型をとったり，石像の影をうつしたりして，さまざまなライオンとの出会いを体験します。さらにスライドでライオンの写真の変化を楽しんだり，影絵でライオンの劇を演じたり，ターザンの物語を読んだりして，仲間とともにイメージをふくらませていきます。自分なりのライオンを表現した作品の絵画や粘土像には，それぞれの個性が豊かに発揮されていました。子どもたちの創造的な活動を支えていたのは，アトリエリスタという芸術家の教師による働きかけとアトリエという多彩な道具，技術，素材に満ちたスペースです（⇨第 **6** 章）。

1980年代になると，日本でもオープン・スクールや生活科の実践をきっかけに，子どもの興味や関心を中心に自ら方法や内容を考える学び方が大事だと広く認識されるようになりました。最近は**アクティブ・ラーニング**といって，発見や問題解決を図る学習，体験や調査する学習，ディスカッションやグループ活動による学習を通して，学び手が能動的に学習に参加する教育方法が提唱されています。★10年後，20年後の教室の風景は，今よりももっと変わっているかもしれません。

POINT

カリキュラムの概念と教育方法の様式

カリキュラム
・公的な枠組みによる計画
・子どもの学びの総体

教育方法
・一斉授業
・アクティブ・ラーニング

note
★ 最近では「反転授業」も注目されるようになりました。従来は教室で学習していた基本的な内容をタブレットなどを使って家庭で自習し，教室では発展的な問題や個人の課題に取り組むという授業の形式です。

3 国際的な保育への関心

　ここで，国際的な視野から子ども教育がいかにとらえられているか，その傾向を見ることにしましょう。

　子ども教育のなかでも2000年以降に国際的な関心が高まったのは，乳幼児期の教育，つまり保育にあたる部分です。**OECD**（経済協力開発機構）は，経済的な視点から21世紀の人材育成における生涯学習のスタートとして保育に注目しています。OECDの教育委員会は，保育政策にかかわる国際調査プロジェクトで"*Starting Strong*（人生の始まりこそ力強く）"という報告書を出しました。報告書では，保育の質を高めるために各国の就学前教育が制度，財政，カリキュラム，実践など多方面から分析されています。また**ユネスコ**（国際連合教育科学文化機関）は，子どもの権利の視点からすべての子どもにとって保育が重要だと主張し，「ゆるぎない基盤——乳幼児のケアおよび教育」と題した「万人のための教育」の調査報告書（2006年）を出しました。産業や教育が先進的か後進的かを問わず，世界のあらゆる地域で保育は重要だとみなされるようになりました。

　なぜ，これほど保育が注目されるようになったのでしょうか。

　その理由の1つは，**保育への公共投資**が，経済的にも教育的にも国の成長にとって効果的だといわれるようになってきたからです。たとえば，質の高い保育を受けた子どもは，そうでない子どもよりも成人したときの収入が高くなるという調査結果があります。そこで子どもに質の高い保育を提供すれば，国の税収入が増えるとともに，生活保護などの社会保障費も抑えられると考えられるようになりました。また，経済的に苦しい家庭の子どもほど，質の高い保育を受けることによって，学習のレディネスと社会性の発達の両方において高い

───────────── note
★　2001年 *Starting Strong*，2006年 *Starting Strong II*，2012年 *Starting Strong III*，2015年 *Starting Strong IV* がそれぞれ刊行されています。
★　「万人のための教育（EFA：Education for All）」は，今なお世界中に「読み・書き・計算」の基礎教育を受けられない立場にある人々が多いなかで，各国が協力して2015年までに世界中のすべての人たちが初等教育を受けられる，字が読めるようになる識字環境を整備しようとした取り組みです。

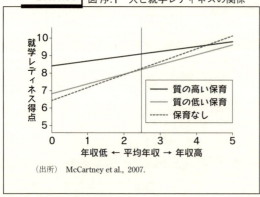

図序.1 保育の質ごとに見た家庭の収入と就学レディネスの関係

(出所) McCartney et al., 2007.

成果が得られるという調査結果もあります（**図序.1**）。質の高い保育により，将来的な人々の経済格差や教育格差を縮められることが示されているのです。しかも，乳幼児期への投資が社会全体にもたらす**経済効果**は，児童期以降の投資よりもはるかに大きいそうです。

　このため世界の国々では，乳幼児期の保育の制度を拡充するとともに実践の質を高め，小学校教育とのつながりや子育て支援を充実させる施策に力を入れるようになってきています。それは，子どもの豊かな人生を保障するためであり，かつ自国の経済力や教育力を向上させ国際競争力を高めるためでもあります。子ども教育には，大きく見ると，子どもにとっての学びの意味を考える視点と社会に何をもたらすかを考える視点があります。教育の目標をどう定めるか，子どもに何をどう経験させるか，教えるかについて，いくつもの教育的な価値をめぐるかけひき（ポリティクス）があります。みなさんには，これからの章で多くのことを学び，自ら子ども教育のあり方を問い，子ども教育について考えていけるようになってほしいと思います。

POINT

> 子ども教育への国際的な関心
> ・乳幼児期への公共的な投資→社会全体に高い経済効果
> ・保育の制度の拡充と質の高い保育を重視

note
★ レディネスとは，学習が効果的に行われるために，発達上必要な条件が整っている状態のことをいいます。

第 1 部
子ども教育の基本

PART 1

CHAPTER
0
1 子ども教育の遊びと学び
2 子どもが育つ環境――学びをつむぐ豊かな環境とは
3 子どもの発達――発達を支え，促す学びの方法
4 子ども教育者という仕事――ともに学び育つために
5
6
7
8
9
10
11

CHAPTER

第 1 章

子ども教育の遊びと学び

WHITEBOARD

- ●遊びと学びは，どう違うだろう
- ●乳幼児期に，遊びはなぜ重要なのだろうか
- ●遊びを通して指導するとは，どういうことだろう
- ●乳幼児期の学びと小学校以降の学びはどうつながっていくのだろう

KEYWORDS

遊びを通しての指導　身体を通した学び　居場所　安心・安定　1人ひとりに応じた教師のかかわり　友達とのつながり　発達の最近接領域　機会の捕捉　学びの芽生え　対話的な協働空間　生活から教科へ

1 子どもにとって遊びとは

　遊びは，子どもの成長や発達にとって欠かせないものであることに，反論を唱える人はいないでしょう。

　特に，乳幼児期に心を動かして遊ぶ体験を重ねてきたかどうかは，それ以降の子どもの育ちに大きな影響をもたらします。子ども教育の基本は，乳幼児期の教育・保育にあります。乳幼児期の教育・保育において，遊びはどのような位置づけになっているのかを見ていきましょう。

　幼稚園教育要領では，「幼児の自発的な活動としての遊びは，心身の調和のとれた発達の基礎を培う重要な学習であることを考慮して，遊びを通しての指導を中心として第2章に示すねらいが総合的に達成されるようにすること★」とあり，幼稚園では，遊びを通して指導していくことが明記されています。

　保育所保育指針においても，「子どもが自発的，意欲的に関われるような環境を構成し，子どもの主体的な活動や子ども相互のかかわりを大切にすること。特に，乳幼児期にふさわしい体験が得られるように，生活や遊びを通して総合的に保育すること★」とあり，生活や遊びを通して子どもを保育するということが明記されています。

　しかし，「遊びを通しての指導」「生活や遊びを通して保育する」という文言から思い描くことは，人それぞれに異なっているのではないでしょうか。また，「いったい，遊びとは何なのか」という根源的な問題に答えることは，とても難しいことです。

　そもそも，「遊び」を幼児期の教育においてもっとも重要なものとして明確に位置づけたのは，「幼児教育の父」「幼稚園の創始者」といわれているフリードリヒ・フレーベル★（1782-1852）までさかのぼることになるでしょう。フレーベルは不朽の名著として今でも読み継がれている『人間の教育』のなかで，次

---
note
- ★　幼稚園教育要領第1章総則の第1　幼稚園教育の基本の2を確認しましょう。
- ★　保育所保育指針第1章総則の3(2)保育の方法　オ　を確認しましょう。
- ★　ドイツの教育学者。世界で初めて幼稚園を創設し，幼児教育の基礎を築きました。

のように記しています。

「遊戯することないし，遊戯は，幼児の発達つまりこの時期の人間の発達の最高の段階である。というのは，遊戯とは，すでにその言葉自身も示していることだが，内なるものの自由な表現，すなわち内なるものそのものの必要と要求に基づくところの，内なるものの表現に他ならないからである。遊戯は，この段階の人間の最も純粋な精神的所産であり，同時に人間の生命全体の，人間およびすべての事物のなかに潜むところの内的なものや，秘められた自然の生命の，原型であり，模写である。それゆえ遊戯は，喜びや自由や満足や自己の内外の平安や世界との和合をうみだすのである。あらゆる善の源泉は，遊戯の中にあるし，また遊戯から生じてくる。」

「この時期の遊戯は，……単なる遊びごとではない。それは，きわめて真剣なものであり，深い意味を持つものである。」（フレーベル，1964）

フレーベルの教育思想の根源には，自然，宇宙，人間の本質を神的なものであるととらえる「万有在神論★」があり，かなり難解です。しかし，ここで重要なのは，遊びが子どもの内にあるものを表現したものであるというとらえ方です。遊びとは，外から与えられるものでなく，子どもたちが自分のなかにあるものを表していくものであり，喜びや自由や満足を生み出すものだということです。

また，小川は，ホイジンガ★（1872-1945）にならって，「遊び」を次のように定義しています（小川，2005）。

第1に，遊びは遊び手が自ら選んで取り組む活動である。

第2に，遊び手が他の目的のためにやる活動ではなく，遊ぶこと自体が目的となる活動である。

第3に，その活動自体，楽しいとか喜びという感情に結びつく活動である。

---- note

★ すべてのもの（万有）に神が宿るが，神は個物を超えてすべて包括統一するものである，という考えのこと。

★ オランダの歴史家。『中世の秋』『ホモ・ルーデンス』などの著作で知られています。
ホイジンガの遊びの定義は以下のようなものである。「遊びとは，あるはっきり定められた時間，空間の範囲内で行われる自発的な行為もしくは活動である。それは自発的に受け入れた規則に従っている。その規則はいったん受け入れられた以上は絶対的拘束力を持っている。遊びの目的は行為そのものの中にある。それは緊張と喜びの感情を伴い，またこれは『日常生活』とは，『別のもの』という意識に裏付けられている」（『ホモ・ルーデンス』中公文庫，1973年）。

第4に，遊びは自ら進んでその活動に参加しなければ，味わうことができないものである。
　これらを頭に置きながら，次のEPISODE1を読んでみましょう。

EPISODE 1

幼稚園3歳児・2月

　先生が小麦粉を用意し，そこに少し水を足して混ぜ合わせ始めると，何人もの子どもたちが，興味を示して寄ってきた。じっと先生の手元を見入る子どもたち。先生は少しまとまった小麦粉を「やってみる？」とＡ児に渡す。Ａ児は，見よう見まねで手のなかでこねていく。Ａ児が気持ちよさそうに小麦粉を触っているのを見て，「僕もやる」「私もやる」と，小麦粉の入ったボールに手を伸ばす子どもたち。ちょっと触って，すぐに手を引く子もいる。はじめは，手にバラバラくっついてきた小麦粉がこねているうちに手の中で柔らかくまとまっていく。子どもたちの小麦粉がまとまってきた頃合いを見計らって，先生は絵の具を出してきて，自分の小麦粉に混ぜてみる。まだら模様の小麦粉がこねているうちにきれいなパステル調の小麦粉粘土になっていく。子どもたちは，自分で選んだ色を小麦粉に混ぜて，さらにこねていく。

QUESTION

　EPISODE1のなかで，子どもたちは，何を楽しいと思って取り組んでいたのだと考えますか？

　この日，この幼稚園には小学校教師数名の参観がありました。3歳児の遊びの様子を見て「何をしているの？」と1人の教師が子どもたちに話しかけてきました。小学校では，多くの場合，授業の課題を教師が明確に示して，子どもたちが同一の課題に取り組み，子どもたち全員がその課題を達成できるように教師は授業を進めていきます。参観の小学校教師は，粘土で何かをつくらせようとしているのだと考えて，「何をしているの？」と問うたのだと思います。その問いに対して，子どもたちは「粘土しているの」と答えていました。ぼそぼそだった小麦粉が触っているうちに柔らかくまとまってくる，最初はまだらだった色が全体になじんでいく，そうした変化の過程を自分の身体を通して感じながら小麦粉粘土をすること自体を子どもたちは楽しんでいたのです。
　幼児期の「遊び」は，何かを習得するための手段や，何かの目的のために行うものではありません。「おもしろい」「気持ちいい」「不思議」「もっとやりた

い」と，1人ひとりの心のなかから湧き上がってきた思いから，ものにかかわったり，人にかかわったりしていくことが「遊び」なのです。そこにある人・もの・場などから刺激を受けて興味をもったことに十分取り組む体験を積み重ねていくことが，幼児期にはとても重要なのです。そうした体験のなかで子どもたちは多くのことを学び，その**身体を通した学び**がそれ以降の学校教育のなかでの学ぶ力の基盤になっていくのです。

2　子どもたちはどのように遊ぶのか

　幼稚園，保育所に入る前の体験，生活によって，入園・入所当初の子どもたちの様子は，十人十色です。次の日から親とスムーズに別れて遊びだす子どももいれば，同年代の子どもとほとんどかかわった経験がなく，友達が近づこうものなら火のついたように泣き喚く子どももいます。それぞれ違う子どもたちは，どのように遊びだしていくのでしょうか。新学期の子どもたちの遊びの様子と，教師のかかわりを EPISODE から探ってみることにします。

自分の居場所を見つける

> **EPISODE2**
> 幼稚園3歳児・4月
> 　新学期早々，B児は積み木で自分1人が入れるスペースを囲んで，そのなかに入り，周りの様子をじっと見ていた。すぐそばで，ほかの子どもが積み木を高く積み始めた。B児は，自分の積み木の場所からときどき出て，積み木を積んでみたり，また，もとの積み木で囲まれたなかに戻ったりしていた。その後，何日も，朝来ると，すぐに同じように，積み木で囲むことから遊び始めた。

　EPISODE2 は，とても象徴的な事例です。B児は，自分1人の**居場所**をつくることから遊び始めています。子どもたちは，安定できる場所，安定できるものなどを自分で見つけようとしていきます。自分で見つけだした居方，あり方が受けとめられて，初めて外の新しい世界に目を向けられるようになっていくのです。そうなると，おもしろそうなことがいろいろ展開されていること

が見えてきて，自分から新しい世界にアプローチしていくようになっていきます。1人ひとりの**安心・安定**を，精神面，時空間という環境面の両面で保障していくことが，遊びの展開のための大事な一歩なのです。

　まず，子どもたちが，ふと手にしたくなるような遊具を置くとか，落ち着けるコーナーをつくるとか，子どもたちが安心して動き出せるような環境の構成を教師が意図的にしていくことが大事です。

> QUESTION
> あなたが，安心できるのはどんな場所ですか？
> あなたが，安心できるのはどんな時ですか？

1人ひとりに応じた教師のかかわり

　乳幼児期の子どもたちは，月齢やそれまでの家庭教育によって発達や経験の違いが顕著に見られます。**1人ひとりに応じた教師のかかわり**方は当然違ってきます。

EPISODE3

幼稚園3歳児・4月

　C児がタオル地のウサギの人形を見つけ，「いい？」という感じで先生のほうを向く。先生がうなずくと，C児はウサギを胸に抱いて，保育室内を動き始めた。しばらくして，引き出しから着替えを見つけると先生のところにもってきて，「この子に着せたい」という。先生は洋服を着せてあげて，「これなら寒くないね」というと，C児はうなずき，「寒くなくて，怖くないの」という。引き出しからさらに服を3，4枚出してきて，「着せて」と先生にいってくる。別の人形を抱いていたD児が，そのうちの1枚を引っ張り，同じように「この子に着せて」と先生に頼む。C児はがんとして服を離そうとしない。「これも（ウサギが着るの）！」と先生に差し出すので，D児とは後から引き出しのなかを一緒に探すことにして，C児のウサギにもう1枚服を着せる。先生が「これで寒くないし，怖くないね」というと，C児は満足気に笑顔でうなずく。

　教師は慣れない環境のなかで自分自身をどうにか保っているC児の不安な心を感じ取り，丁寧にC児の思いに応えています。「見つけたぬいぐるみに洋服を着せる」というのが，このときC児が選び取った遊びです。このように，

自分の気持ちを「もの」に投影する形で，遊びとして表してくることがあります。C児が今やりたいと望んでいる，ぬいぐるみに洋服を着せる遊びをともにしてくれた教師に対して，「寒くなくて，怖くない」という心の内を吐露する言葉をC児は返しています。C児の「もう1枚着せて」という要望は，この人は私のことを本当にわかって受け入れてくれる人なのか，教師を試している行為だともいえるのではないでしょうか。

　1人ひとりの思いに寄り添って，教師が丁寧に応答することで，子どもたちは安心して自分の遊びをしていくようになっていきます。

> QUESTION
> 教師のC児への対応と，D児への対応が違ったのは，なぜでしょうか？

1人ひとりに応じながら遊びをつなげていく

　幼稚園，保育所，こども園などは，同年齢や異年齢の子どもたちがたくさんいる集団の場です。子どもは，教師の存在を拠り所にしながら，周りにいる子どもたちから多くの刺激を受けて生活していきます。子どもたちが，それぞれに主体的に遊ぶことができるようにしていくためには，子どもたち同士の関係を育てていくことが重要です。

EPISODE 4

幼稚園4歳児・4月終わり

　E児はここ2～3日紙飛行機をもって登園。朝の支度はすますが，紙飛行機をもったまま，ボーっと立っている。F児は，一時も離れないように担任についてすごしていた。先生は，F児にこいのぼり（棒に細長い紙を紐でつけた簡単なもの）をつくることを投げかけた。F児と先生がつくっているのを見て，5，6人の子どもたちが「つくる」といって取り組み始めた。F児のこいのぼりと，先生のこいのぼりができあがったところで，E児にも声をかけて，園庭にでることにした。風が強く，こいのぼりがよく泳ぐ。E児が紙飛行機を飛ばす。E児の紙飛行機の着地点まで，先生とF児がこいのぼりを泳がしながら走るということを繰り返す。その姿を見て，何人もの子どもが集まってきて，一緒に走る。そうこうしながら，チャボ小屋のあたりまで進む。F児が，チャボを見たいというので，チャボ小屋に寄り，先生がチャボを抱き上げると，子どもたちが集まりチャボをそっとなでる。

　4歳児の4月，クラスの人数も増え，担任も変わり，子どもたちが不安定な

頃の事例です。子どもの日が近づいて，園庭にもこいのぼりが飾られているという環境もあり，動きを引き出すことにつながるであろう「ものづくり」を教師は子どもたちに投げかけています。子どもたちの主体的な遊びを中心とした生活を重視した幼稚園や保育所では，季節のもの（ここではこいのぼりや兜）を飾ったり，材料を準備したりして，子どもたちが季節の製作活動に主体的に取り組むよう促していきますが，課題として一斉にやらせるようなことはしていません。

このとき，緊張感が強く動けないE児，F児の心が少しでも伸びやかになるようにということを意図して，教師はすごしていました。その時々に，何を優先して子どもたちにかかわっていったらいいか，教師はいつも判断を迫られます。こういう場合は，これが優先，次にこれといったマニュアルはありません。子どもたちとかかわりながら，子どもたちそれぞれの様子を感じ取りながら，随時判断して，教師は子どもたちの遊びを支えていくのです。

EPISODE3の3歳児の事例のように，1人ひとりの思いを受けとめることに加え，4歳児の場合は，**友達とのつながり**がもてるような状況をつくっていくこともとても大事です。教師は，F児がこいのぼりを泳がすことと，E児の飛行機を飛ばすことがつながるようにこの遊びを支えています。教師がF児と一緒に楽しそうに走っている状況を見て，他の子どもたちも寄ってきて一緒に走るという展開になっていますが，ここで大事なのは，一緒に生き生きと走ることで，遊びのモデルを示す教師の姿です。

新学期であり，不安で落ち着かない心持ちである子どもたちを少しでも癒そうと，F児の一言を受けとめ，教師は子どもたちとチャボとのかかわりを支えています。動物，植物，樹木，季節など，自然とのかかわりは，子どもたちにとって，心を癒してくれたり，興味を引き出したりする大事な遊びの対象です。

この一連の遊びの流れは，最初から計画が立てられ展開していったものではありません。また，教師のなかにまったく計画がなかったわけでもありません（⇨第4章）。教師は季節の製作物がつくれるように材料の準備を進めていましたが，クラスの子どもたちの1人ひとりの様子，心の動きをその時々に感じ，製作に誘ったり，一緒に身体を動かすよう誘ったりしています。それぞれが自分自身を発揮できるようにと願って，子どもたちと一緒に遊ぶなかで，遊びの

流れを教師がつくりだしています。自分がつくりたいものをつくる体験，つくったものを生かして身体を動かす体験，友達と一緒に身体を動かす体験，身近な小動物に触れる体験など，遊びの自然な流れのなかで関連づけられながら子どもたちは多様な体験を重ねています。

豊かな遊びの展開を支える教師のかかわり
　　　　　　　　　　　　　　　　▶遊びの援助

　子どもたちの遊びがより豊かで充実したものになるようにしていくためには，教師はどのような援助をしていったらいいのでしょうか。いくつかのEPISODEから教師のかかわりを探っていきます。

▍夢中になる体験 ▍

　6月中旬，郊外の畑にジャガイモを掘りに出かけたときに，5歳児の見よう見まねで泥だんごをつくったことが発端になって，夏休みを経て2学期まで，4歳児たちは泥だんごづくりの遊びに没頭していきました。
　園庭の土は固く，枯れた木端なども混ざっていて畑の土のようにきれいにまとまってくれません。簡単にはできないことが子どもたちを惹きつけ，登園するとすぐに園庭に出かけ，午前中いっぱいかけて固く丸いだんごにして，真っ黒になって保育室に戻ってくる日々が続きました。丹念にやればやるだけ，コツが子どもたちの身体に染みついていきました。そして，自分なりに納得のいくだんごがつくれたという達成感，満足感を子どもたちは味わっていきました。子どもたちがこの遊びにのめりこんでいった要因の1つは，身体で感じること，触感，皮膚感覚を使うことが，この活動の中に十分含まれていたことが挙げら

れます。

　もう1つの大きな要因は，一緒に取り組む年長児，教師，友達の存在があったことです。横並びになって，思う存分自分のだんごを追求できるということが，子どもたちをこの活動に駆り立てていました。子どもたちが充分試行錯誤し，だんごをつくる技をある程度自分のものとしてきていたところで，教師が一歩先のモデルとなる〈光るだんご〉を示したのが，子どもたちの意欲をさらに刺激することになりました。

EPISODE 5

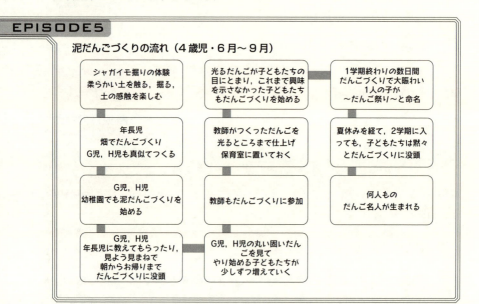

　教師は，ロシアの心理学者レフ・ヴィゴツキーのいうところの**発達の最近接領域**（⇨第3章）を子どもたちに示したことになります（図1.1）。

　泥だんごづくりなどは，個人的技量の追求に重点がある遊びという印象をもつかもしれませんが，原初的素材〈土〉に向かって，自分の感覚を総動員して対象と対話していく遊びの過程は，個人の内側に閉じていくものではありません。泥だんごづくりの大家，加用文男は「人間の皮膚感覚がベースになって，人間には周囲や他のものにとけこんで一体化していく能力がある」（汐見・加用・加藤，2001）と語っています。また，矢野智司も，子どもが生命的な体験をすることの重要さを強調して，「遊びは自分と世界との境界線が溶けてしま

い，子どもが全体的に世界とかかわり生命に触れる溶解体験だ」（矢野，2006）と述べています。泥だんごの遊びはまさに子どもたちが自分の身の回りにある自然（土）と身体全体でかかわり，自分と世界との境界線が溶けて周りの仲間と自然と一体化してしまうような体験になっていたといえます。

CHART 図1.1　発達の最近接領域

発達の最近接領域

みんなとならできる／大人からの援助があればできる

ひとりでできる

（出所）Vygotsky, 1978 より作成。

　泥だんごの遊びがそうであったように，遊びに浸りこみ，そのことにのめりこんで全身の感覚を集中していくような体験のなかで，周りの自然と深くかかわる体験，感覚を磨くような体験を重ねていけるようにしていくことが，乳幼児期にはとても重要です。そうした体験を通して，子どもたちは，集中する力，持続する力，自らの手で物を生み出す力などを身につけて，自分に対する自信を広げていきます。子どもたちが目指しているものを，横並びになって一緒に求めて，教師も遊び込んでいくことで，このような体験は導き出されていくのだと考えます。

機会をとらえた体験の広がり

　子どもたちの遊びは，季節や天気など，周囲の自然環境の影響を多大に受けることがあります。雨の日は，落ち着かなくなったり，風の日は，風が身体に乗り移ったかのように，クルクル走り回ったりします。子どもたちは大人よりも自然に近いところで生きていて，自然のなかにすっと入り込むことができるのです。

> **QUESTION**
> 子どもの頃を思い出してください。自然と深くかかわる遊びでどんなものを覚えていますか？

　羽化した蝶を間近に見て，不思議に思ったり，驚いたり，心を揺さぶられて

いるその時をとらえて，教師が子どもたちに蝶になってみることを働きかけた EPISODE6 を読んでみましょう。

EPISODE6

蝶々の羽化から蝶々の表現へ（幼稚園４歳児・６月）

　ある朝，保育室の飼育箱のなかのさなぎがアゲハチョウになっていた。飼育箱の周りは朝から大賑わいで，子どもたちは羽化したアゲハチョウをじっくり見ていた。そこで，先生は，蝶々になってみることを子どもたちに投げかけてみた。I児が「なってみる」といってきたので，先生は大きな紙を準備し，蝶々の羽の形に切って，模様を描くように働きかけた。I児のほか，何人もが蝶の羽づくりに取り組んでいった。できあがった羽を背中につけるが，I児はなかなか動き出せない。柔らかく動きだす友達の様子を見て，I児もためらいながら，動きだした。蝶々になって踊る遊びが数日続いたところで，先生が音楽（『蝶々変奏曲』）を準備して流すと，音楽に合わせて，動きが変化していった。踊る場を遊戯室の舞台に移すと，さらに仲間が増え，音楽を聞きつけて観客もやってきた。個々の動きがどんどん伸びやかになっていき，友達の動きを意識して，合わせようとする様子も見られるようになった。

　小学校以上の教育であれば，授業のなかで〈蝶を細かく観察すること〉に重点が置かれるところでしょうが，幼児期においては，観て学ぶことに留まらず，目にしたことを描いたり，身体で表現したり，つながりあったものとして体験を体系化していくことが大事です。

　「日本の幼児教育の父」といわれている倉橋惣三★（1882-1955）は，『就学前の教育』のなかで，就学前教育の特性の１つとして，**機会の捕捉**を挙げ，以下のように記しています。

　「幼児を生活さながらにおいて，しかも教育者の意図を実行せんとするには，機会を捕えなければならぬ。捕うる前に待つ必要があるが，必ずしも全然待つのでなく，環境によって機会の発生するように仕組みたる場合にあっても，その機会を捕うるにあらざれば空過し去る。これにおいて幼児教育は機会教育であるといえる。

---

note

★　わが国の「幼児教育の父」「日本のフレーベル」と呼ばれています。日本で初めてできた東京女子師範学校附属幼稚園（後に東京女子高等師範学校）の主事（現在の園長）に1917（大正６）年に初めてなり，欧米留学の時期などをはさみ，３度にわたり計23年主事を務めました。倉橋は，保育改革を進め，理論・実践の両面から子どもに即した日本の保育の基礎を築きました。

機会を捕うるといえば，命令するにあらず，注文を強いるにあらず，幼児のあらわし来る機会に対して，受動の活動が周密に行なわれなければならぬ。少なくともまず受動の態度に出た場合でなければ機会とはいえない。この意味において幼児教育は受用の教育である。しかも機会を受用するにおいて，敏捷かつ適切でなければならぬ。捕うるに鈍く，捕えて不適切なる時には，いつまで経っても機会教育の妙を発揮することはできない」（倉橋，1965）。

　まず，子どもたちの心を揺さぶることにつながるであろう〈飼育箱に蝶のさなぎを置く〉ことが，環境によって機会が発生するように仕組むこと（環境の構成）であり，〈蝶が羽化した〉のを目の当たりにしたその機会，そのタイミングをとらえて，その経験が広がりをもった総合的な体験になるように働きかけていくのです。教師の働きかけを受け，その働きかけに従うかどうかは子どもたちに任されていますが，自然な流れのなかでその遊びを選びとるように促し，周りの人やものやこととのかかわりを深めていくことにつなげていくのです。機会をとらえて，子どもたちの遊びが総合的に展開するように導いていくことが，教師のとても大事な援助なのです。機会をとらえて，周囲の環境とのかかわりが深まるようにしていくことで，遊びのおもしろさ，楽しさがより増して，周囲の環境に対する興味関心がさらに高まっていくという循環が生み出されていきます。

葛藤を潜り抜ける体験

　園での生活にも慣れ，安心して自分を発揮できるようになると，別々に遊んでいる状況で満足だった段階から，友達と遊ぶことを求めるようになっていきます。1人で活動するよりも，何人かの友達と一緒に活動することで，楽しさや喜びが増大することを経験していきますが，一方，子どもたちが遊びの状況に入り込めば入り込むほど，一緒に遊んでいる友達とイメージが食い違う状況も出てきます。

EPISODE7

焼き芋（4歳児・12月）
　前日からJ児は，数人の友達と落ち葉集めをしていた。「焼き芋ができそうだね」

> ということでその日は降園。次の日の朝来ると，J児はすぐに落ち葉集めを再開。少しすると，「おいも，ちょうだい」と保育室に来る。教師は自分たちでつくることを投げかけ，J児と材料を探し，一緒につくる。J児は「中身は黄色」とこだわりをもってつくる。J児の様子を見にK児，L児が来る。J児はつくったお芋をもってK児，L児とともに落ち葉のところへ。お芋を落ち葉の山のなかに投げ入れ，みんなで見えなくなるように落ち葉を足して隠す。K児がマッチをするような動作をして火をつける。その後，K児は，保育室に行って白い紙を筒状に丸めたものをつくってくる。それを使って落ち葉の山に息を吹き込む。それを見て，J児は保育室に走っていく。K児と同じような筒をつくってJ児が戻ってくる。J児の留守中に，お芋がもう焼けたことになり，落ち葉の山のなかから子どもたちはお芋を探しだそうとしていた。J児は「まだ，だめ」というが，子どもたちは探すのがおもしろく探し続ける。見つけたお芋を食べる流れになるが，J児は「もういい，みんな嫌い」といって，保育室に走り戻る。保育室にいた先生はJ児の様子から何かあったことを感じ，一緒に行って，「もう一度，お芋焼こう」と誘うが，J児は「もういい」といって，ブランコのほうに行ってしまう。先生はその後も何度かJ児を呼びにいくが，J児はわざと逃げたりする。先生は焼き芋の場に戻り，J児がつくった大事なお芋だから，大事に扱うように子どもたちに声をかける。その日の最後には，J児がつくったお芋は籠のなかに入れられ，J児のクラスに届けられる。

　子どもたちは，身近な環境から，イメージを想起し，それを具現化するために必要なものをつくったり，遊びの状況が際立つようにつくったものや周囲にあるものを生かしたりしていきます。遊びの状況が際立ってくると，そこからさらに新しいイメージが次々想起されていきます。新しいイメージが加わることで，そのイメージが周囲の子どもたちにすんなりと広がっていくこともありますが，主張がぶつかることも出てきます。それぞれが遊びに深くかかわるようになって遊びに対して思い入れが出てきたからこそ，簡単には共通のイメージにまとまっていかなくなります。みんなで仲良く遊ぶという結果を求めて，遊びがまとまるような方向性を教師が出してしまうのではなく，遊びの状況をよりよく理解するように努めて，それぞれの子どもたちが今何をしようとして何につまずいているのか，それを乗り越えていくためにはどのように支えていったらいいか，援助の可能性をきめこまやかに探って実行していくことが必要になってきます。EPISODE7 では，「お芋は，J児のつくったものである」ということを子どもたちに伝え，J児のつくったものを遊びに位置づけることで，いなくなってもJ児の存在を尊重するように援助をしています。そうした

援助が，どのように遊びの展開につながっていったか，遊びを振り返り，教師の援助が適切であったかどうか省察（⇨第4章）を重ねていくことが重要です。

自分の思いと仲間の思いが食い違うことから生じる心の葛藤を，遊びのなかでたくさん感じながら，遊びを発展させていくためには，相手にわかってもらえるまで繰り返し自分の思いを表現したり，自己主張するばかりではなく自分の感情を抑えて相手の思いや遊びの状況を理解し歩み寄ろうとしたりしていくなど，それぞれの子どもたちが今の自分を変化させて行動を自ら調整していく必要性を感じていくことが，子どもたちの成長にとってとても重要です。

4 遊びのなかでの子どもたちの学び

幼稚園教育要領では，「幼児の自発的な活動としての遊びは，心身の調和のとれた発達の基礎を培う重要な学習である★」と小学校の「学習」との連続性，その後の中学，高等学校……社会人と続く「生涯学習」を見通して，あえて「学習」という言葉を使っています。「学習」という言葉は，学習者自身の主体的な営みというよりも，学習者の営みを第三者の目から距離を置いて見ている表現だといえます。そう考えると，幼児期における遊びのなかで子どもたちが体験していることは，「学習」という言葉より，「学び」という言葉のほうがしっくりくるように思われます。なぜなら，「学ぶ」という言葉には，本人の主体的な意志が含まれているからです。

第2節，第3節のどのEPISODEでも，子どもたちは周りにあるもの・人・ことに主体的にかかわる行為に，自分にとって特別な意味を見つけ出しています。EPISODE2では，自分1人が入れる場所をつくるということがこの子どもにとって大事な意味をもっていました。EPISODE3では，自分の分身ともいえるぬいぐるみのウサギに洋服を着せるという行為が大事な意味をもっていました。子どもが何かを始めるときは，そのことに何らかの意味を見出しているからなのです。自分からもの・ひと・ことにかかわるなかで，その

---- note

★ 幼稚園教育要領第1章総則の第1　幼稚園教育の基本2参照。

ことに意味を見出したり，自分にとっての意味をより深めていくようにしたりしていくことが子どもたち1人ひとりにとって，必要な「学び」なのです。

　乳幼児期においては，「学ぶ」ということと「遊ぶ」ということは分けられるものではなく，ほとんど同義だと考えられます。乳幼児期における遊びは，その時期の子どもにとって「学び」そのものであり，遊びに打ちこめるような環境を子どもたちとともに創り出し，子どもたちが今意味を見出し，夢中になっていることを大事にしながら，「〜したい」という自分の課題を発見して，それを追求していけるように支えていくことが，「学び」を深めていくことにつながっていきます。

　しかし，乳幼児期の教育は，乳幼児期だけで完結するものではなく，子どもの発達や学びは児童期につながっていくものであり，両者の教育が，円滑に接続し，教育の連続性・一貫性を確保していくことが求められています。小学校における各教科等の授業を通した学習へと円滑につながるように，幼児期における「学び」は**学びの芽生え**ととらえることができます。

　「『学びの芽生え』とは，学ぶということを意識しているわけではないが，楽しいことや好きなことに集中することを通じて，様々なことを学んでいくことであり，幼児期における遊びの中での学びがこれに当たる。」

　「幼児期は，自覚的な学びへと至る前の段階の発達の時期であり，この時期の幼児には遊びにおける楽しさからくる意欲や遊びに熱中する集中心，遊びでのかかわりの中での気付きが生まれてくる。こうした学びの芽生えが育っていき，それが小学校に入り，自覚的な学びへと成長していく。」★

　楽しいことや好きなことに集中すること，そのなかでの気づき・発見が「学びの芽生え」であり，子どもの関心のありかをとらえることが，「学びの芽生え」を促す出発点になります。

---

note

★　幼児期の教育と小学校教育の円滑な接続の在り方に関する調査研究協力者会議「幼児期の教育と小学校教育の円滑な接続の在り方について」（平成22年11月）参照。

5 遊びのなかでの学びを小学校の学びへつなげる

　第1節から第4節まで，EPISODE を読み解きながら見てきたように，幼稚園・保育所・こども園では，好きな遊びを見つけ，気の合う友達とやりたい遊びに十分取り組んでいけるようにしていくことがまず大事です。乳幼児期のこのような遊びの積み重ねが，その後の育ちの基盤になっていきます。そのうえで，5歳児では意図的にいろいろな小集団での遊び・活動を取り入れ，多様な関係性のなかで子どもたち1人ひとりの育ちを支えていくようにしていくこともとても重要です。多様な関係として，次のような関係が考えられます。

　・好きな遊びを通して出会った関係
　・クラスでの関係
　・学年での関係
　・グループ（小集団）での関係
　・異年齢の関係

　どのような相手とどのような状況でかかわるかによって，子どもたちの見せる姿はさまざまです。子どもたち1人ひとりの表現を受けとめ，どんな関係のなかでもその子どもらしさが十分に発揮されるように支えることが大切です。
　5歳児の後半の時期★，子どもたちが関係を広げ，いろいろな関係のなかで自己発揮し，自分自身に対する自信をより確かなものにしていけるように，子どもたちの興味をもっていることをきっかけにして，多くの子どもたちがかかわり，一緒に遊びや活動を創り上げていくような状況を生み出していくことも重要になってきます。子どもたちは1つの目的を共有し，それを実現しようと，協同して遊びや活動を進めていくことができるようになっていきます★。そのためには，子どもたちの日常的な遊びのなかの「学びの芽」をすくいあげ，教師が意図的に働きかけることが必要になってきます。そうした教師の意図的な働きかけがあって，子どもたちの力や，興味が深くつながったり，重なり合った

──── note
★　小学校へのなめらかな接続を目指してこの時期を「接続期」ととらえることがあります（⇨第10章）。
★　国立教育政策研究所教育課程研究センター「幼児期から児童期への教育」（平成17年2月）参照。

CHART 表1.1　自分のリズムで学ぶための学習空間

サークル	発見や喜びを語り合い，安心して自分を表現する空間。子どもの発表がテキストになったり，声を合わせて楽しんだりする親和的空間をつくる。
自分でえらぶ	計画表に記入し，自分で選んだ学習に取り組む。自分のリズムで進めること，選んだことを自覚することを大切にする。
みんなでつくる	仲間とともに同じテーマに向かう。グループごとに切り口は違うが，試行錯誤したり，協力したりすることを大事にする。

りしていくことで，1人ではできない充実した遊びが展開していき，子どもたちはそのなかで充実感，達成感を味わっていきます。そうした体験が，小学校入学にともなう環境の大きな変化のなかでも，友達とかかわり合いながら，自分らしく過ごしていく自信や意欲につながっていきます。

　しかし，そのような体験を重ねて小学校に入ったら，すぐにいろいろな学習に対応できるようになるかといえば，そんなことはないのです。ある小学校での取り組みをご紹介します。

　この小学校では，子どもが主体性を発揮しながら新しい環境のなかでも自分のリズムで学んでいくことができるように，そして，**対話的な協働空間**や，自分のリズムで学ぶための多様な学習空間をつくりだすため，子どもたちの1日を**表1.1**のような活動を中心に組み立てています。

　小学校入学直後の時期は，幼稚園・保育所・こども園の生活のなかでの学びの延長で，生活のなかにさまざまな学びの要素が含まれており，それを教科として分断せずにまるごと経験させていくことを大事に考えています。教師はその時の子どもの様子から，その日の学びの方向を示していくことを心がけています。また，幼稚園・保育所・こども園の集まりのように，丸くなって対話する「サークルタイム」を設けています。互いの顔を見て話しながら，リズムや声を合わせることを楽しんだり，友達の存在を身近に感じたりしていく時間になっています。「みんなでつくる」では，生活全体を題材とし，子どもたちが小学校の生活を経験していくなかで，ひと・もの・ことを感じるための短いスパンの活動を重ねていきます。また，そのような**生活のなかから教科につなが**る要素を取り出して学習していきます。

　さらに，興味をもったことに自ら向かう姿勢を育むため，「自分でえらぶ」

活動を導入しました。「色紙で遊ぶ」「絵に表す」「本・絵本」などから個人がえらんだ活動に向き合う時間をもち，それを発表し合って，興味や経験を広げることも意識していきました。

　子ども自身の興味や関心のありかをとらえ，そこから学びを深めていくことは，乳幼児期の教育に限ったことではないはずです。子ども自身の興味をどう引き出し，広げ，深めていくかということは，遊びのなかの学びでも，小学校以上の学習のなかの学びでも，学びの原点だということを押さえておくことが肝要です。

POINT

乳幼児期の遊びとは
- 子ども自身の興味や関心から参加する活動
- 楽しいとか喜びといった感情に結びついた活動

豊かな遊びの要素
- 夢中になれる
- 身体で感じられる（環境やものと一体化するような体験）
- 友達の存在を意識する
- 一歩先のモデルがある

遊びから身につける力
- 集中する力
- 自ら何かを生み出す力
- 自信
- 自らを調整する力

⇨ その後の学校教育での学ぶ力につながる

CHAPTER

第 **2** 章

子どもが育つ環境

学びをつむぐ豊かな環境とは

WHITEBOARD

- 子ども教育における環境とは何だろうか
- 現代において、特にどのような環境が必要なのだろうか
- 「環境による教育」とはどのような教育なのだろうか
- 子どもは環境にかかわって何をどのように学んでいるのだろうか
- 環境を通して行う教育における教師の役割を考えよう

KEYWORDS

子ども教育における環境　　環境にかかわって遊ぶ体験　　環境を通して行う教育　　環境の構成　　環境の再構成　　もの・こと・人・自然・状況　　園・学校の環境づくり

幼児期における教育は，幼児期の特性を踏まえ，環境を通して行うものであることを基本とします。本章では，**子ども教育における環境**とは何か，環境を構成するとはどのようなことをいうのか，環境を通して行う教育における教師の役割などについて考えます。子ども教育における環境の重要性を踏まえ，小学校の学習環境にも触れて考えます。

> QUESTION
> 　現代の子どもを取り巻く環境について，次のEPISODEを例に，自分で調べ考えてみましょう。

EPISODE8

　「ぬくもり壁画　園児を包む」（『朝日新聞』2014年5月15日夕刊より）
　絵本作家いわむらかずお氏の壁画が都内の幼稚園で子どもたちの目を楽しませているという記事が取り上げられていました。
　「園舎のドーム内にぐるり360度描かれたのは大木や小鳥，ネズミたち。『自然に親しんで』との願いが込められている。」「46年間使用した園舎を建てかえることになった。『子どもたちがわくわくするような空間に。』と園長はそう考えた。」
　ホールに大木や小鳥……行ってみたくなるような幼稚園です。

EPISODE9

　「増える庭のない保育■代わりの公園大混雑■室内で鉄棒・ヨガ」（『朝日新聞』2014年9月17日夕刊より）
　「待機児童の解消に向けて，保育園の増設が相次ぐ首都圏で，園庭のないところが増えている。園庭の代わりに利用する公園は大混雑で，時間をずらして利用するケースも。子どもの体力づくりに欠かせない遊びの場所をどう確保するか，現場では模索が続いている。……園庭を設置できない園が増える中，限られた資源をどう生かし，子どもの成長を促していくか。保育者の工夫や行政の支援が求められている。」
　長時間ビルの一室で過ごす環境が子どもの発達に与える影響が危惧されます。子どもが思い切り体を動かし自然に触れて遊ぶことのできる環境を社会全体で考え整備することが求められています。

1 子どもの育ちと学びを支える園・学校環境

　本来，人間の生活や発達は，周囲の環境との相互関係によって行われるものです。特に，幼児期は環境からの刺激を大きく受ける時期であり，この時期にどのような環境のもとで生活し遊んだかは将来にわたり生き方を左右する重要な意味をもつものとなります。

　子どもは身近な環境にかかわって遊ぶことによって，さまざまな対象の特性を知り，自分の世界を広げていきます。思いがけないことや困難にも直面し，発達に必要な体験を重ねていきます。子どもは，自ら**環境にかかわって遊ぶ体験**を通して，自分と対象とのかかわり方を学び，自己を育てていくのです。

　近年，子どもを取り巻く環境は刻々と変化しています。地球温暖化，少子高齢化，情報化，女性の社会進出等により子どもが育つ環境は大きく動いています。こうした変化の激しい現代においては特に，家庭や地域社会との生活の連続性を考慮して園や学校環境を整えることが大切です。子どもが安心して園や学校に通い，友達や教師とかかわりながらともに育ち合い学び合うコミュニティとしての**園・学校の環境づくり**が求められています。

子どもが遊び，学ぶ環境

　ここでいう環境とは，物的環境（場所・もの），人的環境，自然環境，文化的環境，時間，空間など，子どもを取り巻く状況のすべてをさしています（図2.1）。音や光，色，においなども含まれます。これらの環境は別々にあるのではなく，相互に関連し合って生み出される状況や雰囲気，関係性が子どもにとって重要な環境となるのです。

　園舎や園庭の広さや配置といった構造や生活空間づくりは，子どもの安心・安全な生活を確保するうえで重要な環境です。物的環境としては，机や椅子，遊具や材料，固定遊具などがあります。また，自然環境としては，木・草花・虫，文化的環境としては，絵本や楽器，伝統行事などがあります。子ども教育における環境とは，場所やモノがそこにあればいいというものではなく，子ど

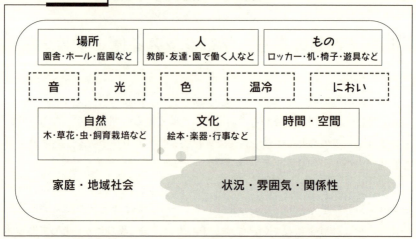

CHART 図2.1 子ども教育における環境

もにとってどんな意味をもっているのかをよく考える必要があります。

では，**環境を通して行う教育**とは，どのような教育をいうのでしょうか。それは，教師が用意した環境のなかで，教師の意のままに子どもが活動することではありません。教師が環境を構成して，後は子どものしたいようにする放任でもありません。環境を通して行う教育とは，「幼児が自ら興味や関心をもって環境に取り組み，試行錯誤を経て，環境へのふさわしいかかわり方を身に付けていくことを意図した教育[★]」です。教師が一方的に**環境を構成**するのではなく，子どもと保育者の双方向性のある保育プロセスを重視した教育といえるでしょう。

環境を通して行う教育では，何よりも子どもの主体性や試行錯誤が大切にされなければなりません。それは子どもを理解することから始まります。同時に，環境のもつ潜在的な可能性に目を向けていく必要があります。教師は，日々子どもが活動する姿から子ども理解を重ね，環境理解に努めて，子どもの興味・関心の方向をとらえて物的・空間的環境を構成することが重要です。

しかし，子ども理解に基づいて環境を構成したとしても，実際には教師の予想どおりに活動が展開するとは限りません。むしろ教師の計画や予想を超えて活動が展開することのほうが多いでしょう。魅力的な環境は，子どもの心を動

---

note
★ 幼稚園教育要領解説第1章第1節2(3)「環境を通して行う教育の特質」を確認しましょう。

かし，さまざまな行動や気づきを生み出すからです。そうした場合は，幼児とともに活動しながら，**環境を再構成**していくことが大切です。

多様な体験を生み出す自然環境

　子どもは，周囲の**もの・こと・人・自然・状況**など環境とのかかわりを通してさまざまな体験をしています。なかでも自然とかかわる体験は幼児の心を動かし，発見や気づきをもたらし，科学する心を培います。テレビやビデオ，図鑑など間接体験が増え，自然と直接触れ合う体験がもちにくい現代においては，特に身近な自然との出会いとかかわりを通して，心身の調和のとれた発達を促していくことが大切です。

　そのため，園や学校では，子どもが自然と直接触れ合い，思いを寄せたりよく見たり触れたりできる自然環境を工夫しています。たとえば，子どもが自由に摘んだり遊びに使ったりできるように雑草園を残したり，飼育・栽培活動を取り入れたりしています。また地域に出かけ自然と直接触れ合う機会をつくるなど体験を重視しています。動植物と触れ合ったり植物を遊びに取り入れたりできる環境は，子どもの心を動かし，さまざまな体験を生み出す学びの宝庫です。

　自然に触れて遊ぶ子どもの表情は実に生き生きとしています。子どもは大人をはるかに超えた感性と好奇心をもって対象とかかわっています。子どもと自然との出会いに心をとめて，そっと寄り添う教師の存在こそ子どもにとってもっとも大切な環境といえるでしょう。

　小学校の生活科においても体験活動が重視され，特に自然体験活動を重点的に推進していくことが求められています。★ここで大切なことは，ただ体験させればいいということではなく，1人ひとりの子どもがその体験を通して何に心を動かしているのかよく見ることです。教師は，子どもがどのような環境にかかわり，どのような体験をしているのかを丁寧に読み取り，1つひとつの体験が相互に結びつくように体験の多様性と関連性を考慮して指導計画を作成し保育を展開することが大切です。★

---

note

★　小学校学習指導要領第1章第4　指導計画の作成等に当たって配慮すべき事項2⑵を確認しましょう。

EPISODE 10

雨上がり，クモの巣に輝く水滴を「光ってる！ きれい」と見つめている子がいます。先生は，「いつもは嫌だなと思うクモの巣も不気味なジョロウグモも，子どもと見ると美しく，キラキラ輝く装飾品のように思えた」と振り返っています。

EPISODE 11

ある園では，保護者や地域の人と一緒に田んぼや畑，池をつくりました。チョウや虫が寄ってくる木や実のなる木を植栽し，食育に取り入れたりもしています。子どもたちは稲や野菜を育て，アヒルやチャボの世話をしています。夏になり，稲穂の先に稲の花が咲きました。子どもはじっと見つめ，「クリスマスのベルみたい。音楽してる」とつぶやきます。子どもにはきっとクリスマスのベルの音が聞こえているのでしょう。

文化を伝える環境

> **QUESTION**
> 子どもは園や学校でどんな本や歌に出会っているのでしょう。自分の子ども時代を思い出して心に残る絵本や歌について話してみましょう。

園や学校では，絵本や本，歌や楽器，絵や作品，行事や食に関する活動などが取り入れられています。これらは，単に物や活動としてそこにあるだけでなく，そこで暮らす人のメッセージが込められた文化としての環境です。

EPISODE 12

オペラ「どんぐりと山猫」が子ども会での「どんぐりと山猫」になるまで

5歳児7月，夏季保育で，「どんぐりと山猫」（作：宮沢賢治）のオペラを，先生たちが上演した。子どもたちもどんぐり役になって加わる参加型オペラ（原作：宮沢賢治／作曲：萩京子）である。10月になり，どんぐり拾いに行ったときに，その楽しかった経験が思い出され，オペラのなかの歌を口ずさむ子どもたちがいた。その姿を見た先生は，子どもたちが楽しんで表現する姿を，12月に行われる子ども会の劇遊びに活かしていきたいという願いをもった。そこから，子どもたちと，先生と，ど

---
note
★ 幼稚園教育要領第1章第4　指導計画の作成と幼児理解に基づいた評価3(2)を確認しましょう。

んぐりがさまざまに絡み合う生活が始まった（一連の実践については，河邉・赤石監修〔2009〕を参照。このエピソードは，Y教諭の記録をもとに筆者がまとめたもの）。

子ども会「どんぐりと山猫」が生まれるまでの主な環境

◆文化を伝える環境　◆モデルとしての教師
（絵本・オペラ「どんぐりと山猫」との出会い）

◆自然物に親しむ環境（秋の田んぼや畑，どんぐり拾い）

◆さまざまな表現の方法を知り楽しむ環境
・描く（透明水彩絵の具，面相筆，イーゼルなど）
・音やリズム（竹，床材のラバー，枕木とトガトンなど）
・歌や動き（「どんぐりと山猫」・1人で，友達と，学級全体で）
・空間の工夫（戸外で歌う・遊戯室を森の雰囲気に装飾）

◆子ども会で「どんぐりと山猫」を表現する環境
・子ども，教師，保護者とともに演じる（円形劇場）

　このEPISODEでは，教師の読み聞かせた絵本や上演したオペラが，子どもの心を動かす環境となっています。教師や友達と一緒に楽しんだ絵本や歌は，その後の生活のなかで時と場を経てフィードバックされます。この子どもの姿をとらえ，教師は，どんぐりなど自然物に親しむ環境や表現する喜びを味わう環境を工夫していきます。たとえば，大きさも色も形も多様なドングリを集めて，絵を描いたり製作に使ったり染め物をしたり食べてみたりします。子どもは，興味や関心をもった対象に繰り返しかかわることによって，対象をよく見たり試したりするようになり，その特性に気づき学びを深めていくのです。さらに教師は，子どもが気づいたことを表現して楽しむ環境を工夫しています。多様な自然と出会い，表現する楽しさを味わう環境との出会いによって，心を

動かす体験が積み重なり，子ども会での「どんぐりと山猫」の表現へとつながっていきました。子ども自身が文化の担い手として育っていくのです。

子どもにとって豊かな環境とは，たくさんの物があることや次々と活動することではありません。出会った対象に心を寄せ，心を動かすことができる環境です。季節や生活の営みのなかで培われてきた文化や人々の思いが込められた環境に出会い，親しむことによって子どもの心は動き，新しい文化が生まれます。

 ## 学びをつむぐ環境

子どもは自ら環境にかかわって生み出す自発的な活動としての遊びのなかで，発達に必要なさまざまな体験をし，体験を通して学んでいきます。幼児期は，知識や技能が一方的に教えられて身につく時期ではないので，自ら能動的に環境にかかわることによって充実感や満足感を味わう体験が重視されなければなりません。環境にかかわって遊ぶ主体は子どもであり，学びを得ていくのも子ども自身です。子どもが学び合い育ち合うためには，教師はどのように環境を構成していけばいいのでしょうか。★

子どもが主体的に活動する環境の構成

子どもはさまざまな環境に囲まれて生活しています。そのすべてが環境となりますが，子どもが興味をもって環境に主体的にかかわったときに初めて，その環境はその子どもにとって意味のあるものになります。子どもにとって意味のある環境になるか否かは，環境がどのように構成されるかによって左右されます。

幼児が主体的に活動できるように，教師はどのように環境を構成すればよいのでしょうか。それには，子ども理解と環境理解という2つの視点が必要です。1つは，子どもの発達や1人ひとりの興味・関心の方向をとらえるという子ど

---
note
★ 幼稚園教育要領解説第2章3「環境の構成と保育の展開」を確認しましょう。

も理解の視点，もう1つは，環境となる対象そのものの特性をとらえる環境理解の視点です。

> **EPISODE 13**
>
> 砂場で3歳児が遊んでいます。
> A児は，砂をドーナツ型の容器に詰めてはそれをひっくり返して1人黙々と型抜きを繰り返しています。A児は，皿にのせた砂をもって周囲を見渡し，そばで見ていた先生に差し出します。先生が「ありがとう」というと，A児は「できた」とほほえんでほっと溜息をつき，再び型抜きを続けます。
> 一方，B児とC児は，同じシャベルを持ち，山をつくっています。そのうちにB児が柄の長いスコップに持ち替えると，C児も持ち替え，2人で砂を積み上げては「ポンポン」「バンバン」などといいながら積み上げた砂をたたいています。

　子ども理解という視点でそれぞれの子どもが楽しんでいることは何かをとらえてみましょう。A児は，教師に認められて安心し，型抜きのおもしろさを発見し繰り返し楽しんでいます。一方，B児やC児は，友達と同じものをもち同じことをして一緒に遊ぶ楽しさを味わっています。同じ砂場という環境で遊んでいても，それぞれの幼児の楽しんでいることは異なることがわかります。教師は，それぞれの幼児が今何を楽しんでいるのかを理解し，安心して遊べるように援助したり，楽しんでいることに没頭できるように見守る援助をしたりしています。

　次に，環境という視点から子どもが主体的に活動する環境について考えてみましょう。砂場という場所があること，繰り返し扱ったり試したりできる砂という素材があること，型抜きやシャベル，スコップなど用具の種類や数が選べるように準備されていることで，子どもは自ら環境にかかわって遊び始めます。さらに，それぞれのペースで遊ぶ場や時間が保障されていること，安心できる教師や友達がいることで，子どもは環境にかかわってさまざまな遊びを生み出しています。

　こうして考えてみると，あらかじめ教師が構成した環境は暫定的なものであることがわかります。教師は子どもの活動の展開に応じて，子どもにとっての意味を考え，環境が適切なものとなるように援助したり，再構成したりしなければなりません。

> **POINT**
>
> 教師が環境を構成する際の２つの視点
> ① 子どもの育ちや興味・関心をとらえる子ども理解の視点
> ② 環境となる対象の特性をとらえる環境理解の視点

状況に応じた環境の再構成

　教師は，子どもの発達にとって必要な体験は何かを考え，あらかじめ活動を見通して，計画的に環境を構成します。子どもたちがその環境にかかわって遊び始めるとその状況が新たな環境となっていくのです。偶発的な出来事も起こり，状況は刻々と変化し，環境は変わっていきます。教師は，子どもの遊びをよく見て，状況に応じて環境を再構成していかなくてはなりません。

> **QUESTION**
>
> 　状況に応じて環境を再構成するとは，どのようなことをいうのでしょうか。次の EPISODE を読んで話し合ってみましょう。

EPISODE 14

> 　５月，４歳児が園庭で遊んでいます。気の合う友達と一緒にジャングルジムに登ったり，追いかけっこをしたりして遊んでいました。そんなとき，ポールに掲げているこいのぼりが外れてしまいました。支柱にひっかかったこいのぼりを降ろそうと，先生がピョンピョン跳びあがっていると，子どもたちが寄ってきて一緒に跳ねます。
> 　うまい具合にこいのぼりが外れました。すると，先生はこいのぼりをもって園庭を走り出しました。こいのぼりは風をはらんで泳ぎます。その後を子どもたちが追いかけます。
> 　園庭を何周も何周も走り，走り疲れて，先生も子どももこいのぼりも大の字になって横たわり休憩。先生は子どもたちと空を見上げて「コイは，川を上って泳いでいくんだって」などと話しています。先生が再びこいのぼりをポールに揚げると，子どもたちは「やねより高いこいのぼり～♪」と歌い始めました。

　この事例では，教師は，これまでの遊びの状況から，子どもたちが体を動かして遊ぶことを楽しんでいるととらえ，こいのぼりが外れるという偶発的な出来事を生かして，こいのぼりをもって走り出します。教師の魅力的な動きは子

どものモデルとなり，子どもたちも思わず走り出します。教師は偶然の出来事を生かして環境を再構成し，新たな状況をつくりだす援助をしています。また，休憩しながらこいのぼりに込めた思いを話すことで，子どもたちはこいのぼりをより身近に感じるようになり，歌を口ずさむようになります。子どもと教師が相互にかかわりあって環境が再構成されていくことがわかります。

応答的・持続的な環境

　砂や水，粘土などの素材や材料は，かかわり方によって変化します。こうした可塑性に富んだ素材や材料や，繰り返しかかわり試したり工夫したりできる用具や道具があることによって遊びは持続します。物だけでなく，子どもの思いや考えを受け止めてくれる教師や，一緒に遊ぶ友達がいることが重要です。応答的環境とは，子どもの行動や思いに対して周囲が応えるという相互作用のある環境です。子どもの育ちと学びを支えるには，応答的・持続的な環境が必要です。

> QUESTION
> 　次のEPISODEを通して，応答的・持続的な環境とはどのような環境かを考え，話し合ってみましょう。

EPISODE 15

> 「私のも食べて」3歳児5月，Y教諭の記録より
> 　小麦粉粘土で遊んでいたサコが「先生，お団子できた。食べて」と保育者のところに丸めた粘土をもってきた。「おいしいね」と食べるふりをすると，それを見たマイコも「わたしのも食べて」とヘラで切った小麦粉粘土を皿にのせてもってきた。「おいしいね」と食べるふりをすると，マイコは再び粘土で遊びはじめた（河邉・赤石監修，2009）。

　この記録を書いた教師は，「サコは小麦粉粘土を丸めたものを『お団子』に見立て，保育者がおいしそうに食べるふりをすることを喜んでいた」「マイコは，保育者とかかわり，認めてもらうことで安心しながら，小麦粉粘土の感触や手応え，見立てを繰り返し楽しんでいる」と読み取っています。この場合，小麦粉粘土は，子どもが扱うことによって変化する応答的な環境といえるで

しょう。また、「おいしいね」と応じる教師のかかわりによって子どもは安心して遊び始めたり、見立てを楽しんだりして遊びが続いていきます。この保育者の応答的なかかわりによって、粘土での遊びは持続していきます。

ところで、「おいしいね」といって食べるふりをする教師の対応は一見同じように見えますが、子どもにとっての意味は異なります。サコにとっては、イメージを表現して遊ぶ楽しさを知っていく環境となっています。マイコにとっては、安心して遊びだす環境となっています。これまでの子どもの育ちをとらえ、育ってほしい方向を見通してかかわる教師の応答的な援助によって、遊びは持続していきます。

3 「環境を通して行う教育」における教師の役割

園や学校の環境は、それぞれの教育方針や地域の実情によりさまざまです。特に幼児期では、保育所・幼稚園・こども園・地域型保育など、保育施設が多様化しています。こうしたなかで、長時間狭い保育室や施設で過ごす子どもたちがいることも事実です。また低年齢児と常に一緒にいるために思い切り活動できない年長児たちもいます。

「環境を通して行う教育」においては、園や学校の置かれた環境の実情をとらえ、すべての子どもが安心して活動に取り組み、豊かな体験ができるようにしていかなくてはなりません。そのために教師は、家庭や地域社会との連携を図りつつ、子どもの育ちを願うメッセージを込めた環境をつくる役割を果たさなければなりません。メッセージを込めた環境とはどのような環境なのか、具体的な空間の使い方や物の配置をとらえながら考えます。また、子どもと環境をつなぐ教師の役割についても考えます。

メッセージを込めた環境をつくる

子どもが安心して遊べる施設・設備の工夫と改善　園舎や校舎の構造・配置は保育・教育に大きな影響を及ぼします。園舎や園庭、校舎や校庭など各学校・園の施設・設備の構造はすぐには変えることはできないので、その特徴に

CHART 図2.2 園舎や校舎の構造・配置

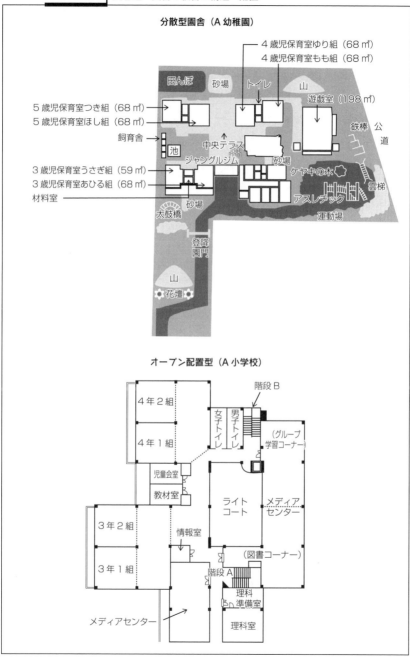

3 「環境を通して行う教育」における教師の役割

応じて，使い方の工夫と配慮が必要になります。大きな施設・設備の改善については，安全面を最優先しつつ，全体でその理念や特徴を理解し共有していくことが必要です。

分散型の園舎（図2.2）では，子どもたちがいろいろな場所で遊びを見つけることができるため，遊びが分散しやすく群れて遊びにくくなります。そこで，外と中をつなぐ有効な遊び空間として廊下やテラスを活用することが考えられます。たとえば，テラスの前にすのこやシートを敷いて保育室と外の遊びをつなぐ工夫をします。互いの遊びを見合える空間は，遊び方を広げ，協同して遊ぶ姿にもつながります。また，園庭自然マップなどを作成し，どこでどんな遊びができるのか教師間で共有し，子どもと自然とのかかわりが豊かになるように工夫している園もあります。

人とのつながりがもちにくくなった現代では，オープン配置型の園や学校も増えてきました。互いにしていることが見えやすく，協同的な学びが可能となるからです。小学校においても，学習内容によって机や椅子の配置を変えたり，グループづくりや活動の展開を工夫したりし，多様な形態や方法で学ぶことができる環境を工夫しています。

年齢や時期に応じた物的・空間的環境の工夫　　保育室や教室は，子どもたちが安心して過ごす生活の場です。個人の持ち物を収納するロッカーや，机・椅子など，生活や学び，遊びに必要なものを子どもが扱いやすいように，生活の動線を考慮して整える必要があります。

たとえば保育室には遊具や用具，素材，絵本，楽器，自然物なども用意され，ままごとや製作コーナーなども整えられています。これらのものやコーナーは，時期や子どもの遊びの内容によって，入れ替えたり，縮小したり新たに設置したりして，再構成していきます。20〜30人前後の子どもたちが一緒に生活し遊ぶ保育室では，いくつかの遊びが同時に展開されます。そのため，それぞれの遊びのスペースをどう確保するか，また静的な活動と動的な活動をどうすみ分けていくかなどの配慮も必要です。

さらに，遊んだものや場を片づけたり，学級全体で活動したり，食事をしたりするなどの生活の流れに応じて環境をつくりかえることも必要です。そのために，子どもが片づけたり取り出したりしやすい収納の仕方や掲示，全員で活

動できるような空間づくりなどを工夫する必要があります。

　保育室環境は子どもの育ちや保育の意図によって構成され，再構成されていくものです。たとえば，3歳児の入園当初は「安心して遊びだせる環境」，4歳児の2学期頃であれば「友達とつながりがもてるような環境」，5歳児の後半になれば「協同して遊びに取り組む環境」というように，子どもの育ちと学びの内容によって異なり，つくりかえていく必要があります。

　子どもと自然との出会いとかかわりが生まれる環境の工夫　戸外で自然にかかわり存分に遊ぶ体験がもちにくくなっている昨今，子どもと自然との出会いとかかわりが生まれる環境を工夫することが課題となっています。第1節の「多様な体験を生み出す自然環境」で述べたように，自然とかかわる体験は，自然に対する畏敬の念，親しみ，愛情などを育てるばかりでなく，科学的な見方や考え方の芽生えを培います。

　たとえば，季節の草花や石や土に触れて遊んだり生活に取り入れたりすることは，子どもの心を動かし，身近な環境に自らかかわり主体的に遊ぶ意欲を育て，対象の特性や仕組みに気づくことにつながります。戸外に出かけて，木々や草花，虫などに触れて遊んだり，祭りや節句，正月を迎える商店街などの様子を見たりすることもあります。戸外の自然に触れ，四季折々の地域や家庭の伝統的な行事に触れることは，季節により自然や人間の生活に変化のあることに気づく貴重な体験の場となります。

　また，園や学校では親しみやすい動植物を飼育したり栽培したりする環境も用意されています。身近な動植物に触れ遊びに取り入れたり世話をしたりする体験は，幼児にとって特別の意味をもっています。幼児期に生命の営みや，不思議さを体験することにより，生命の尊さに気づき，いたわったり大切にしたりする気持ちや態度が育まれていくからです。

　体を動かして遊ぶ楽しさを味わう環境の工夫　社会環境や生活様式の変化から，現代の子どもは体を動かして遊ぶ機会が減少し，子どもの体力や運動能力の低下が指摘されるようになっています。いじめや不登校など心の発達の問題も大きな課題となっています。子どもの心身の発達の問題の背景には，多くの原因が複雑に絡み合っていると考えられますが，運動遊びの減少がそれらに共通する要因の1つであるという指摘があります。幼児期においては，さまざま

に体を動かして遊ぶ楽しさを体験し，自ら進んで体を動かして遊ぶ子どもを育てる環境づくりが大きな課題となっています。★

　体力や運動能力の上達を目指して，鉄棒や跳び箱，サッカーなどを外部派遣講師によって指導している園も少なくありません。しかし，このような体力づくり・スポーツ指導よりも，子どもが自己決定的に行う遊びの形での運動のほうが運動能力の発達にはるかに効果的であるということが最近の研究から明らかになってきています（杉原・河邉編，2014）。

　子どもが主体的に運動するようになるには，適切な環境の構成と適時適切な活動の提案が必要です。体のバランスをとる動きを引き出す施設や遊具，体を移動する動きを引き出す施設や遊具，用具など操作する動きを引き出す施設と遊具などを取り入れ，物的環境を工夫するとともに体を動かす楽しさを味わえるような援助が必要です。

　子どもの身体活動を高めていくためには，施設や遊具の整備だけでなく，自然環境も重要な役割を果たしています。たとえば，シャベルで土を掘る，水を運ぶ，風に舞う落ち葉を追いかける，石を拾う，芝生の山を転がるなど，自然のなかでさまざまな動きを楽しむことができます。生活のなかで，自然の営みをうまく利用し，さまざまな工夫を加えて遊びを発展させていく環境づくりが大切です。

> **QUESTION**
> 　保育室や園庭，教室や校庭を観察し，どのような用具や遊具が配置されているか，具体的に図や絵を用いて示してみましょう。また，その環境に込められた意図について話し合ってみましょう。

子どもと環境をつなぐ

　教師は，子どもの育ちの見通しをもって計画を立て，計画に基づいてメッセージを込めた環境を構成しています。しかし，教師が環境をつくったからといって，それで子どもが遊びだすとは限りません。物や場所があるだけでは子

---
note
★　「幼児期運動指針」を確認しましょう。

どもの心は動かないからです。心が動かなければ子どもと環境とのかかわりも生まれません。子どもと環境をつないでいく教師のかかわりが必要です。

さらに実践後には，環境の構成や援助が子どもにとってどうだったのかを振り返り，明日の環境を再構成していくという改善のプロセスが大切です。

1人ひとりの興味・関心に応じた環境を提案する　子どもが自ら環境にかかわって遊ぶようになるためには，1人ひとりの子どもの興味・関心をとらえることが必要です。子どもの興味・関心は，他の子どもや教師の行動を模倣し，同じようなことをやってみようとすることが多いので，他の子どもの存在や教師の言動は大きな意味をもっています。つまり，子どもが思わずやってみたくなるような状況をつくる教師の援助が大切です。教師がある活動を楽しみ集中して取り組む姿は，子どもを引きつけます。物や場所を整え，活動を提案するだけでなく，活動のモデルとなる，子ども同士が互いによく見合えるようにすることなどの環境づくりをしていくことが大切です。

発達をとらえ，手ごたえのある環境を提案する　子どもの育ちや興味・関心の広がりによって，環境も変えていかなくてはなりません。たとえば，入園当初であれば「安心して遊びだせる環境」，友達への関心が芽生えた頃であれば「友達とのかかわりを楽しめる環境」というように子どもの育ちに応じて環境は変わります。

特に，人やものとのかかわりが広がり深まってきた5歳児であれば，「手ごたえのある環境」「協同して遊ぶ楽しさを知る環境」の提案が必要です。物事に集中し繰り返し取り組んでいれば「試行錯誤しながら探求する環境」「体験したことを表現する環境」も必要です。少しがんばればできるという体験や友達からの刺激を受けて挑戦してみようという体験，友達と力を合わせ協同してやり遂げる体験ができるように，発達をとらえ環境を提案し，子どもの環境をつなぐ教師の役割は重要です。

CHAPTER

第 **3** 章

子どもの発達

発達を支え，促す学びの方法

WHITEBOARD

- 発達とはなんだろうか
- 人の発達に遺伝と環境はどのようにかかわっているのだろうか
- 学びについてのとらえ方はどのように変わってきたのだろうか
- 日本のしつけや教育にはどのような特徴があるのだろうか

KEYWORDS

生涯発達　　タテ方向の発達・ヨコ方向の発達　　遺伝は環境を通して　　発達の可塑性　　随伴性　　行動主義　　構成主義　　ピアジェ　　社会文化的アプローチ　　ヴィゴツキー　　発達の最近接領域　　ブルーナー　　足場かけ　　状況主義的アプローチ　　正統的周辺参加　　発達段階　　発達課題　　エリクソン　　心理社会的危機　　社会化　　ブロンフェンブレンナー　　発達期待

1 発達とは何か

> QUESTION
> 発達とはどのようなプロセスをさすのでしょうか。自分なりに定義してみましょう。

生涯にわたるプロセスとしての発達

発達の2つの側面——獲得と喪失　私たちが日常，人が「発達」するというとき，それは，身体や心の「成長」と同義で用いられることが多いでしょう。「成長」とは，私たちの心身に生じる変化のなかでも特に，何かが増大する，あるいは何かが可能になる，というプラス方向の変化をさすものです。また，成長する主体として思い浮かぶのは，一般的には子どもです。

一方，学術的な観点から人が「発達」するというとき，この言葉にはもう少し広い意味が含まれます。「生涯学習」「**生涯発達**」という言葉もあるように，人は生涯を通して学び，発達していく存在であると考えられます。社会や人生の複雑で難解な問題に対して，現実的でかつ柔軟な解決策を考える際には，大人になってからの人生経験や社会経験，すなわち経験を通しての学びが役に立つといえるでしょう。また，年をとってからも知的好奇心や挑戦意欲を失わず，勉学やスポーツに勤しむ高齢者も今は少なくありません。ただし，体力や瞬発力，記憶力など，年齢とともに低下していくものがあるのも確かです。このように考えると，人の発達は生涯にわたるプロセスであり，かつ，発達はプラス方向の変化とマイナス方向の変化，言い換えれば，獲得や上昇と，喪失や下降という2つの側面を併せもつもの（Baltes, 1987）であるといえます。

タテの発達，ヨコの発達　獲得と喪失という観点から発達をとらえた場合，子どものうちはいろいろなことが目に見えてできるようになったりわかるようになったりするなど，獲得されるものの割合が大きい年代であるといえます。しかし，能力の獲得という観点からだけでは，この年代の発達を十全にとらえることはできません。

これについて，物を破る動作を覚えたばかりの1歳児を例に考えてみましょう。物を破ることに目覚めた子どもは，ティッシュペーパー，本，新聞紙，親の仕事の書類，葉っぱや花びらに至るまでさまざまな物を破り，対象による破け方の違いや破ったときの音の違いなどを確かめ，楽しみます。このような動作を繰り返すなかで，手の動かし方や力の入れ方がうまくなり，破る動作が上達していきます。また，破る動作が上達すると，遊びや生活の幅が広がってきます（たとえば葉物野菜をちぎる手伝いができるようになるなど）。

　新しい能力が獲得されることを**タテ方向の発達**とすれば，獲得された能力を自分のなかで応用したり他者との協働や集団のなかで発揮したりすることで遊びや生活の幅を広げていくことは，**ヨコ方向の発達**にあたります（丸山・河合・品川，2012）。獲得された能力やスキルを十分に生かせる環境を用意し，そのなかで遊びや生活を充実させるというヨコ方向の発達を支えることは，タテ方向の発達を促すことにもなります。これら双方向の発達を支え，育むことが，保育や教育においては大切であるといえるでしょう。

何が発達を形づくるのか──遺伝と環境

　発達について論じるとき，避けて通ることのできないのが，遺伝と環境の問題です。環境が発達にどう影響するのかを理解せずして，適切な保育や教育はできないといっても過言ではありません。では，遺伝と環境について，現在ではどのように考えられているのでしょうか。

　発達における遺伝と環境　「瓜の蔓（つる）になすびはならぬ」「鳶（とび）が鷹を生む」という諺にあるように，人の発達に遺伝（生物学的要因）と環境（社会文化的要因）がどの程度，どう関与しているのか，ということは，昔からの大きな関心事でした。この問題について，古くは「遺伝か環境か」という二項対立的な形で論争が行われてきました。しかし，遺伝にかかわるメカニズムの解明が進んだ現在では，「**遺伝は環境を通して**」表に現れる，と考えられています。

　遺伝について扱う学問である遺伝学では，親から子に伝えられる形や性質のことを形質と呼び，親から子へと形質が伝えられることを遺伝と呼びます。人の発達は，遺伝子に記された形質が，時間の経過とともに環境からの刺激を受けて表に現れることによって展開されます。では，遺伝と環境の間にはどのよ

うな関係があるのでしょうか。

　まず，人がもつ形質はすべて，遺伝の影響を受けています。すなわち，遺伝子にない情報は，どのような環境下にあっても現れません。しかし，親から引き継いだ形質のすべてが子どもに現れるわけではありません。また，多くの形質は単一の遺伝子によって決められているわけではなく，複数の遺伝子が相加的に働くことで初めて，ある形質は発現します。つまり，「頭のよさ」や「運動神経」などは，1つの遺伝子で決まるわけではないのです。

　では，何が特定の形質の発現を規定するのでしょうか。遺伝に関する最近の研究では，ある形質が発現するか否かは，どのタイミングでどのような環境にさらされるかによって規定され，どのタイミングで環境の影響を受けやすいのかは遺伝子によっても異なることがわかっています（安藤，2011）。

　以上を総じて述べると，遺伝とは，ある人に現れうる特定の形質の幅もしくは範囲を規定するものであり，環境は，その範囲のなかで特定の形質がどの程度，どのタイミングで表に現れるのかに影響を与える，ということができます。私たちはともすると，極端な遺伝主義（「遺伝で決まっているのだから努力をしても無駄だ」），あるいは極端な経験（環境）主義（「努力で何事も変えられる」）に陥りがちです。しかし，遺伝と環境の間には実に複雑な相互作用があり，両者の相互作用を経て初めて，特定の形質が発現するのです。こうしたことを踏まえれば，人の発達を安易に遺伝のみ，あるいは環境のみに結びつけるのは適切ではないことがわかるでしょう。

　ヒトの発達の特徴　　発達には，遺伝と環境の両方がかかわっていることをここまでみてきましたが，今度は進化，すなわち種としての発達という観点から，遺伝と環境について考えてみましょう。

　ヒト★を含むあらゆる生物は，自身が暮らす環境のなかで生きのび，子孫（遺伝子）を残すべく，進化を遂げてきました。現在私たちに備わっているさまざまな特徴もまた，ヒトとしての進化の過程において，生き残りをかけて受け継がれてきたものです。

　ヒトは哺乳類の霊長類に属する大型類人猿の一種ですが，霊長類のなかでは

---

note

★　本章では生物の一種としての人を意味する場合には，カタカナで「ヒト」と表記します。

とりわけ脳が大きく，高次な機能（知覚や思考，言語など）を司る新皮質という部位が特に大きいことがわかっています。では，なぜヒトはそれほどまでに大きな脳を発達させてきたのでしょう。これについては諸説ありますが，大きな群れ（共同体もしくは社会）での生活が脳の巨大化を促したのではないか，という説が現在では有力視されています。群れで暮らす霊長類は，生き残りのために食料を確保し，捕食者の餌になるのを免れるべく，仲間同士で競合，協力してきたと考えられます。しかも，霊長類の群れでは同じ成員がいつも一緒に暮らしているため，成員相互の競争や協調の関係が複雑になります。ゆえに，他者と興味・関心を共有し，協力をしたり，時に他者を欺いたり，複雑な言葉を操ったりするといった高次のコミュニケーション能力がヒトにおいては発達し，それがヒトの脳を巨大化させたのではないかと考えられています（社会脳仮説）（バーン，1998）。

　個人のレベルで脳の発達を見た場合，人の大脳新皮質は，新生児から成人期のはじめに至るまでの，長い期間をかけて発達します（松井，2012）。脳の発達にこれほどの時間を要する生物は，他に類がありません。これは，人が社会のなかで生きていくために多くのことを学び，身につける必要があることを示唆しています。そして，発達に長い期間を要するということは，人の発達がそれだけ，環境や経験に対して開かれている，つまり，教育による変化の可能性（可塑性）があることを意味しています。

　発達の個人差　　発達には遺伝と環境の両方が寄与していますが，個々人がもつ遺伝子には違いがあり，個々人が育つ環境も厳密には1人ひとり異なっています。そのため人の発達にはさまざまな個人差が見られます。発達の個人差は，知的な能力や性格，運動能力，社会的能力などさまざまな側面で見られますし，ある能力の発現が早いか遅いかという形でも現れます。人がたどる発達のプロセスにはある程度の共通性がありますが，一方では，さまざまな個人差があることを前提に，保育や教育は行われるべきであるといえます。

　なお，個人差のなかには，より丁寧な教育的かかわりを必要とするものもあります。たとえば，生まれつきの中枢神経系の障害である発達障害（⇨第**9**章）をもつ子どもの場合，注意のコントロールが難しかったり興味や関心が極度に限定されたりしているために，学習面や生活面で困難を抱えやすく，その子の

発達や学び方の個性に合った細やかな配慮を必要とすることが少なくありません。

また，劣悪な環境で育てられてきた子どもの場合にも，発達に著しい偏りや遅れが現れ，丁寧なかかわりを必要とすることがあります。日本で実際にあった事例として，長期間にわたり深刻なネグレクト（養育遺棄）を受けてきたきょうだいの事例を紹介しましょう。1972年に山梨県で，家の離れに監禁されていた2人のきょうだいが発見，保護されました。発見されたとき，姉は6歳，弟は5歳でしたが，2人ともに1歳児くらいの体格で，歩行もできず，発語も見られない状態でした。検査の結果，2人に遺伝的な負因は見られず，発達の著しい遅れは，環境条件（親身の世話の欠如と，社会的刺激や文化的刺激の過度の不足）と栄養失調によるものであると推測されました。乳児院に保護された2人はその後，専門チームによって教育的な働きかけを受け★，めざましい回復を遂げました。そして，就学猶予2年を経て小学校に入学し，その後も一部の能力（短期記憶や文法能力など）に遅れは残ったものの，ともに中学，高校を卒業し，それぞれ結婚や就職を果たしました（藤永，2001）。この事例は，発達に対する環境の影響の大きさを示すと同時に，**発達の可塑性**と教育の可能性を示しています。

POINT

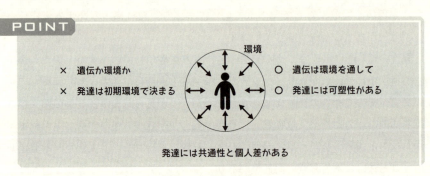

× 遺伝か環境か　　　　　　　　○ 遺伝は環境を通して
× 発達は初期環境で決まる　　　　○ 発達には可塑性がある

発達には共通性と個人差がある

---

note

★ 2人のために行われた教育的働きかけには，環境を改善すること（栄養条件の改善，運動技能の発達の促進，絵本や教育玩具などの認知的刺激を豊富にする，特定の保育者との信頼関係の形成や，同輩との遊びを中心とした交流を図る）に加え，さまざまな心理検査による診断結果に基づきかかわりの方針を立て，担当保育者と連携しながら働きかけを決めていくこと，また，遅れている認知・言語能力を補償するための学習プログラムを導入することなどがありました。

どう学び，教育するのか？

　ヒトの赤ちゃんは，学ぶことへの志向性を備えて生まれてきます。たとえば，生後2カ月の赤ちゃんは，養育者がやりとりの最中に理由もなく無反応になると，視線をそらしたりぐずり始めたりします（Murray and Trevarthen, 1985）。これは，赤ちゃんが生まれてからわずか2カ月の間に，自分の働きかけと養育者の反応との間につながりがあること（これを**随伴性**といいます）を学習しており，養育者から反応が返ってくる，という期待を破られたがゆえに生じる反応であると考えられています。このように赤ちゃんは，自分を取り巻く環境，すなわち周りのさまざまな人や物に自ら働きかけ，そのなかにある仕組みについて能動的に学ぼうとする，有能な存在であるといえます。

　学びは，環境との相互作用のなかで成立するものであり，学習においては環境からの応答がきわめて重要です。親や保育者，教師は，子どもが学ぶ環境を選択したり整えたりするという，重要な役割を担っています。では，子どもの学びのために，どのような環境を選択，整備すればよいのでしょうか。この問いへの答えは，学びや学習をどのようなものとしてとらえるのかによって変わってきます。

学びや学習についてのさまざまな見方

　学びや学習をどのような活動ととらえるのかは，その時代に台頭した心理学の理論の変化とともに，さまざまな変遷を遂げてきました。ここでは，時代の流れに沿いつつ，4つの代表的な立場（行動主義的アプローチ，構成主義的アプローチ，社会文化的アプローチ，状況論的アプローチ）を見ていくことにしましょう。

　行動主義的アプローチ　　**行動主義**とは，客観的に外から見える行動に重きをおく心理学の立場の1つです。この立場では学習を，経験によって生じた行動の永続的な変化と考え，新しい行動がどのように形成，獲得されるのかに着目します。そこで想定されている行動変容のメカニズムは，条件づけと呼ばれ

るものです。すなわち，一定の刺激を与えれば（たとえば賞や罰を与える），行動が起こったり抑制されたりすると考えます。

この立場では，学習者は環境からの刺激を受動的に受ける存在であるとされます。また，そこでの保育者や教師の役割は，学習者である子どもに望ましい行動を起こし，それを定着させるための刺激を与えることとされます。同じことを繰り返し練習する，子どもがやったことやできたことを褒めたり叱ったりすることで子どもの行動を変えようとすることなどは，行動主義の考えに沿った学習の方法にあたります。

構成主義的アプローチ　　行動主義では人を刺激の受動的な受け手と考えていましたが，この考えに対する批判として生まれたのが構成主義です。**構成主義**では，学習を行動の習得という点からではなく，内的な情報処理という点からとらえ，学習者が能動的に物事をとらえる枠組みや認識の仕方を質的に変えていくことを学習ととらえました。

この立場を代表する考えには，**ピアジェ**の認知発達理論があります。ピアジェは，新たな認識の仕方が構成されることを学習と考え，その過程を，認知的葛藤と，同化・調節，均衡化という用語で説明しました。人は自ら外界に働きかけ，環境のなかの情報を理解，解釈しようとしますが，外界の情報と，自分が現在もっているシェマ（枠組み）との間にズレや矛盾があるときには，葛藤や混乱が生じます（認知的葛藤）。このような矛盾や葛藤に出会ったとき，人は，その情報を自身の既存のシェマに合わせて理解すること（同化）を試みます。しかし，矛盾や葛藤が大きく，既存のシェマで理解できないときには，自身のシェマをつくり変えます（調節）。このように同化と調節を繰り返すことで，シェマをより高次のものへとつくり変え，外界の認識の仕方をさらに安定したものへと発達させることを，ピアジェは均衡化と呼びました。

ここで想定されているのは，環境に対して能動的に働きかけ，主体的に知識を構成する存在としての学習者です。そこでの保育者や教師の役割は，学習者である子どもの認知発達の水準に応じて，認知的葛藤を引き起こし，構造の変容を促すような課題や環境を与えること，となります。

社会文化的アプローチ　　先の2つの立場では，学習は個人的な活動ととらえられていました。しかしその後，学習を，社会的，文化的，歴史的な構成過

程としてとらえる立場がでてきました。この立場では，学習とは他者とのかかわりや協同のうえに成り立つものであり，文化的な道具（たとえば言葉）に媒介された活動から生まれる，と考えます。

　この立場の代表的な考えに，**ヴィゴツキー**（1970）の**発達の最近接領域**があります。ヴィゴツキーは，子どもが1人で解決できることには限界があるけれども，大人からの援助や子ども同士での援助があることで，子どもは現在わかっていることやできることよりも少し上の水準の課題を解決できる，と考えました。そして，この2つの水準間にある領域を，発達の最近接領域と呼びました（図1.1参照）。また，ヴィゴツキーの考えをもとに**ブルーナー**（Wood et al., 1976）は，**足場かけ**（scaffolding）という考えを提唱しました。足場かけとは，教師やより上の水準にある仲間が，課題解決に興味をもたせたり解決方法のモデルを示したりすることで，学習者がはじめは1人でできなかったことを，他者からの援助を受ければできるようにし，その後，少しずつ援助を減じていくことで，最後は1人でできるようにすることをさします。

　ここでの保育者や教師の役割は，学習者の現時点での発達水準を見極め，それを潜在的に到達可能な水準に引き上げるべく，（保育者や教師からの援助を含む）他者との協同による学習の機会をつくることであるといえます。

　状況主義的アプローチ　　状況主義は，学習が個人内の情報処理過程として扱われてきたことや，それまでの学校教育が日常的活動から切り離されていることへの批判から生まれました。この立場では学習を，状況や文脈に埋め込まれたものととらえます。すなわち，人々は学校や職場などの実践共同体（興味・関心を共有したメンバーが活動を行う共同体）でさまざまな役割を担い，その共同体を維持することに貢献しています。そこでの学習は，共同体での他者との相互作用や状況と切り離せないものであり，実践共同体の活動への参加を通した役割の変化や過程としてとらえることができます。

　この立場の代表的な考えには，レイヴとウェンガー（1993）による**正統的周辺参加**があります。彼らは学習の過程を，仕立て職人などの徒弟制を例に，正統的周辺参加という言葉で説明しました。新入りの職人は，初めは簡単な仕事

---‐note

★　ピアジェの立場を個人的構成主義，ヴィゴツキーらの立場を社会的構成主義，と呼ぶこともあります。

をしながら，より熟達した人が担っているより重要な仕事を見よう見まねで覚えていきます。新入りだった職人は，共同体のなかの「周辺的な」位置を徐々に外れ，やがては「中心的」な役割を担うようになります。新入りの職人でもその共同体の正統なメンバーであることに変わりはなく，レイヴらはこのように周辺部から徐々に参加度を増していくことを，正統的周辺参加と呼びました。

　この立場では，学習は常に他者と交流し，実践活動に能動的に参加するなかで行われるものであると考えます。したがって，そこでの保育者や教師の役割は，子どもたち1人ひとりが自らの学びの筋道を見出し，学習活動の実践に参加していくための橋渡し役を担うこと，また，1人ひとりが自分らしい「参加」を深めていくきっかけとなる教材を提供することであるといえます（佐伯，1998）。

学習観の変化がもたらしたもの

　この半世紀ほどの間に，学習者は受動的な学び手から能動的な学び手として位置づけられるようになり，学習は，個人内の活動から他者との相互作用や状況と切り離せないものとしてとらえられるようになりました。

　このような流れと連動して，保育や教育においては，体系化された知識を一方的に伝達するような詰め込み型の一斉授業や，個人単独での学習を見直し，自ら問題を発見し，解決に取り組むことを目指す問題解決型学習や，個人の理解やそのプロセスを他者と協調的に比較，吟味，修正する過程を経て1人ひとりが理解を深めることを目指す協同学習，各教科で学んだことを生活題材などによって総合し，理解を深めることを目指す総合学習を取り入れる流れが生まれてきました。そして，保育者や教師の役割も，知識を教え込むことから，子どもたちが主体的に学ぶ環境を用意し，1人ひとりの自発的な学びを支援することを重視する方向に変わってきたといえます。

　こうした変化の背景には，高度情報化の進行とともに学ぶべき知識そのものが複雑になり，かつ，急速に変化していること，また，そうした知識を基盤とする社会では思考力・判断力・表現力が求められる，という時代の変化もあることを付け加えておきます。

POINT

学習観，先生の役割，学習形態に関する考えの変化

	かつて	現代
学習観	・受動的な学び手としての学習者 ・個人内活動としての学習	・能動的な学び手としての学習者 ・他者との相互作用や状況から切り離せないものとしての学習
先生の役割	・知識を伝え，教えること	・子どもたちが主体的に学ぶ環境を用意し，自発的な学びを支援する
学習形態	・詰め込み型の一斉授業 ・単独学習	問題解決学習，協同的学習，総合学習

3 発達に応じた学びとは

▶ 発達段階と発達課題

QUESTION

保育園や幼稚園の頃，みなさんはどのようにして1日を過ごしていましたか。その頃，どのようなことに夢中になっていたでしょうか。自分たちの経験を振り返ることを通して，子ども時代の経験としてどのようなことが大切であるかを考えてみましょう。

発達の時期的区分——発達段階

発達に応じた学びの環境を整え，発達に応じたかかわりをするためには，子どもの発達の過程を知っておく必要があります。発達には早遅の違いや得意・不得意などの個人差はありますが，一方で発達の過程には，社会や文化によらず，多くの人に共通して見られる一定の順序があります。たとえば，多くの子どもは1歳頃に歩き，言葉を話し始め，6歳頃には文字の読み書きに興味をもち始めるなど，ほぼ同時期に同じような順序で同じような変化を経験します。

CHART | 表 3.1　代表的な発達段階

時　期	時期の節目で生じる変化の例
乳児期（～1歳半）	母胎の外での生活の開始と，肺呼吸や自力での栄養摂取の開始
幼児期（～6歳）	離乳や歩行の開始，話し言葉の使用の開始
児童期（～12歳頃）	書き言葉の使用の開始や具体的な事物に沿っての論理的な思考の開始
青年期（～22歳頃）	第二次性徴の開始や抽象的な論理的思考の開始
成人期（～死まで）	高等教育の修了と社会人としての生活の開始

こうした発達上の質的変化（量では表せない不連続な変化）に着目して時期を区分したものを，**発達段階**と呼びます。発達段階の区分の仕方にはいくつかありますが，ここでは発達心理学における一般的な区分として，**表 3.1** の区分を提示しておきます。本書ではこのうちの，乳児期～児童期までの発達や教育を扱います。

表 3.1 を見ると，各期の始まりは何らかの能力に質的変化が見られる時期と重なっていると同時に，特定の社会的な出来事（児童期であれば初等教育の開始，青年期であれば中等教育の開始など）にも重なっていることに気づくことでしょう。これは，私たちの心の機能や身体，行動の変化が生物学的な要因によって規定されていると同時に，それらの変化に応じた形で学校制度などの社会的制度がつくられており，社会・文化的な要因とも密接な関連をもつことを意味しています。

各時期の発達における中心的テーマ──発達課題

各発達段階には，その時期の発達における中心的なテーマ，あるいは，その時期に経験，獲得されるべき重要な課題があると考えられています。これを**発達課題**と呼び，これまで多くの研究者がさまざまな発達課題を掲げてきました。そのなかでも広く知られているのが，**エリクソン**による「**心理社会的危機**」の考え方です。エリクソンは，生物学的な要因に加え，社会とのかかわりのなか

---

note
★　文部科学省では学校教育法に基づき，学校の種別により，幼児（幼稚園），児童（小学校），生徒（中学校，高等学校），学生（高等専門学校，短期大学，大学，大学院）に区分しています。また，厚生労働省では，児童福祉法に基づき，満18歳に満たない者を児童とし，さらに満1歳に満たない者を乳児，満1歳から小学校就学の始期に達するまでの者を幼児，小学校就学の始期から，満18歳に達するまでの者を少年と区分しています。

Column ❷ ピアジェによる認知構造の発達段階

ピアジェは，子どもがどのように世界や物事を認識するのか，その質的な変化に着目して，成人の思考に特徴的な形式的操作（抽象度の高い，論理的な思考を頭のなかで行うこと）が可能になるまでの間に，4つの段階を提唱しました（ピアジェ・イネルデ，1969）。

感覚運動期 （0〜2歳）	感覚や身体運動を通じて，外界を認識する。 例）乳児がガラガラを振って音を出したり，口に運んで舐めたりする。
前操作期 （2〜7歳）	表象（頭のなかのイメージ）を使って外界を認識する力が発達し，見立てやふり，言語の使用が可能になる。ただし，この時期の思考は，自分からの「見え」や見かけに左右されやすく，直観的な判断に頼ったものである。 例）自分の父親を「お父さん」と呼ぶ幼児が，祖母が3人きょうだいの長男である父親のことを「お兄ちゃん」と呼ぶことが理解できない。
具体的操作期 （7, 8〜11歳）	具体的で目に見える事物についてであれば，論理的な操作（実際に行為をするのではなく，表象を用いて頭のなかで行うこと）が可能になる。自分からの「見え」にとらわれずに思考できるようになり，他者の視点からも物事をとらえられるようになる。ただし，現実にないもの（たとえば記号など）や現実に反することについては，論理的な操作を行うことは難しい。 例）「ぞうは犬よりも大きく，犬はねずみよりも大きい。2番めに大きいのはどれか」という問いには正しく答えられる児童が，「犬はぞうよりも大きく，ぞうはねずみよりも大きい。2番めに大きいのはどれか」という問いには正答できない。
形式的操作期 （11, 12〜15歳）	具体的な事物に縛られることなく，仮説的・抽象的な事物についても論理的な思考が可能になる。

ピアジェの理論は後に，子どもの能力を過小に評価していたり，大人や文化などの社会的環境の影響を考慮していなかったり，段階間の移行についてきちんと説明がなされていなかったりするといった理由から批判を受けることにな

> ります。しかし，認知発達の過程に関して包括的な理論化を試みたピアジェの功績は大きく，その理論はその後の認知発達に関する研究や理論に広く影響を与えています。

で人格がどう成長していくのか，という観点から発達をとらえようとしました。そして，人は環境との出会いのなかで，内的要求と外的（＝集団や社会，歴史の）要求の葛藤を繰り返し経験し，それを乗り越えながら発達していくものと考えました。この葛藤をエリクソンは「心理社会的危機」と呼び，8つに区分した発達段階のそれぞれに発達課題があると考えました（**表3.2**）。

ここでは乳児期から児童期までの発達課題を，各時期の保育・教育に関連づけながら見ていきましょう。

まず，乳児期には基本的信頼感の獲得が課題になります。この時期，乳児は特定の養育者から継続的なかかわりを受けることで安心感を得て，他者や周りの世界への信頼感を形成していきます。この信頼感は，泣きや表情，発声などによって伝えられる乳児の要求を，保育者を含む特定の養育者が細やかに読み取り，応じることによって育まれます。

次に，幼児前期には自律性の獲得が，また，幼児後期には自発性の獲得が課題になります。自律性とは，排泄のコントロールをはじめとする自分の身体や，衝動をコントロールすることをさします。幼児期のはじめには，排泄や食事，着替えなどのしつけが本格的に始められますが，これらの基本的生活習慣を身につけるうえでは，自分の身体を自分で動かそうとする意欲と，自分で思うように身体を動かせる，という自信が大切です。こうした意欲と自信を育むような環境の用意や大人からの働きかけが大切になるのがこの時期です。さらに，自分の身体をコントロールする自信をつけた幼児は，今度は外の世界へと興味・関心を広げ，周りの環境に積極的に働きかけます。このような自発性は遊びのなかで発揮されます。幼児後期には，子どもが自ら興味や関心をもち，遊びを広げていける環境を用意することや（⇨第**2**章），遊びを共有できる仲間の存在が大切になります。

続く学童期（児童期）には，勤勉性の獲得，すなわち，社会から期待される活動を自発的かつ習慣的に営むことが課題になります。子どもは，自分が所属

CHART 表3.2 エリクソンによる発達の段階と各時期の発達課題

乳児期	基本的信頼　対　不信
幼児前期	自律性　対　恥・疑惑
幼児後期	自主性　対　罪の意識
児童期	勤勉　対　劣等感
青年期	アイデンティティ　対　アイデンティティ拡散
成人初期	親密と連帯　対　孤独
成人中期	世代性　対　停滞
成人後期	統合　対　絶望

(出所) エリクソン, 2011。

している社会や文化で有用とされる知識や技能を身につけることを求められます。学校での勉強や, 社会的な規範を身につけることなども, そのうちの1つであるといえます。この時期, 子どもは他の子どもとの比較を通して劣等感も経験しますが, さまざまな活動に取り組むことを通して, 自分なりにやればできる, という有能感を身につけていきます。したがって学童期は, 自身が興味をもって打ち込める活動があることや, 切磋琢磨できる仲間の存在, 社会への関心を導き, 育んでくれる教師の存在が大切な時期であるといえます。

なお, 発達課題とは単に各時期の発達の特徴を記述したものではなく, 特定の時代ならびに社会・文化から期待される発達の目標を反映したものでもあります。したがって, 発達が展開される文脈である社会や文化と, 子どもの発達を支え, 育む保育や教育とは, 切り離せないものであるといえるのです。

 社会や文化のなかでの学び

QUESTION
　海外のさまざまな国と比べたときに, 日本の子育てや保育・教育にはどのような特徴があるでしょうか。海外の映画や本を題材にしたり, 海外での生活経験をもつ人の話を聞いたりすることを通して, 考えてみましょう。

　私たちは, 自身が属する共同体のなかで他者とともに生きていくために, 自

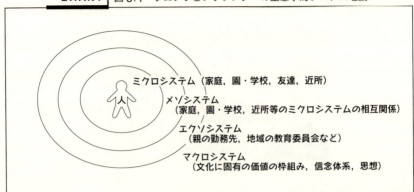

図3.1 ブロンフェンブレンナーの生態学的システム理論

身が属する社会や文化の規範（望ましいとされる行動）や価値観を，その社会や文化に属する人とのやりとりを通して身につけていきます。このような過程を**社会化**と呼びます。家庭で行われるしつけは社会化の1つにあたりますが，社会化は，家庭のほかにもさまざまなところで，さまざまな形で行われます。子どもは家庭のほかに，園や学校，地域でもさまざまな人とかかわりをもっています。家庭は，園や学校，地域社会と連携をとりながら子どもの発達を支えています。また，親の勤務先や教育委員会は，子どもに直接かかわることはないものの，子どもが過ごす環境に影響を及ぼしています。さらに，子どもが属する文化の価値観や信念体系も，子どもを取り巻くさまざまな環境に影響を与えています。ブロンフェンブレンナー（1996）は，このような人を取り巻く環境を，マトリョーシカ（ロシアの民芸品として知られる，入れ子構造の木製人形）の「入れ子構造」になぞらえ，こうした多層のシステムの相互作用のなかで子どもの発達は展開されていくと考えました（図3.1）。

　ここで，みなさん自身のことを振り返ってみてください。あなたのものの見方や感じ方，価値観は，育ってきた家庭やこれまで属してきた園や学校，地域のなかで周りの大人をはじめとする年長の人たちや同世代の人たちとのかかわりのなかで伝えられ，つくられてきたのではないでしょうか。また，自覚していなくても私たちには，自分が育ってきた文化に特有のものの見方や感じ方，価値観が反映されています。たとえば，東京へのオリンピックの招致にあたって，「おもてなし」という言葉がはやりましたが，これは他者への配慮を重んじるという，日本ならではの価値観を表したものといえるでしょう。

文化によって異なる子ども観と発達期待

　社会化の多くは、家庭でのしつけや保育・教育場面を通して行われますが、身につけることが期待されるふるまいや価値観は、文化によって異なります。では、社会化という点において、日本にはどのような特徴があるのでしょうか。

　日本の親と米国の親のしつけの仕方の違いを検討した東（1994）は、米国の親がしつけを行う際には、親の権威に訴えてやるべきこと（すべきではないこと）を子どもに直接的に命令することが多いのに対し、日本の親は結果に言及したり気持ちに訴えたりすることが多いことを見出しました★。そのうえで東は、米国のしつけ方法を「権威主義」、日本のしつけ方法を「気持ち主義」と名づけ、親の期待や価値観を子どもに直接的には伝えずとも、それらが子どもに自然にしみこむのを待つ、という特徴がある、と考察しています。これは、独立した人間同士の間で、権威関係を通じて親の願いや価値観を直接的に子どもに伝えるという、米国のしつけの方法とは対照的であるといえます。

　また、日本、中国、米国の保育者と親を対象に、子どもへの**発達期待**（周囲の大人や社会がどのような発達や対人関係を子どもに期待するか）を調べた研究（Tobin et al., 1989）では、日本の保育者や親は、中国やアメリカの保育者や親に比べ、共感、思いやり、他者への配慮を重視する人の割合が相対的に高いことが明らかにされています（表3.3）。同様に、保育所が必要である理由として、日本の保育者や親では、集団の一員としての経験をさせることを1位に選んだ人が相対的に多いことがわかっています。

　日米の小学校の比較・検討を行った恒吉（1992）は、米国の小学校にはない日本の小学校の特徴として、集団行動の機会（作業を集合的に受けもつ班や日直、多様な係、クラブ活動や遠足などでのグループ分け、全校朝礼、集団登校、運動会など）の多さを挙げています。そして、日本の小学校には、集団行動が和やかで効率的に行われるよう、協調的な目標が数多く設けられ、手順や手続きも細かくルーティン化されているという特徴がある、といいます。これらは、他者の

─────────── **note**

★　直接的命令とは、たとえば子どもが夕食の野菜を嫌いだといって食べないときに、「ぐずぐずいわずに食べなさい！」という対応をさします。また、結果に言及するとは、「食べないと大きくなれないよ」といった対応を、気持ちに訴えるとは、「せっかくつくったのに困ってしまうわ」といった対応をさします。

CHART 表3.3 子どもが保育所で学ぶもっとも大切なことは何ですか

	中国		日本		アメリカ	
	第1位	上位3つ	第1位	上位3つ	第1位	上位3つ
忍耐力	13	20	2	16	3	5
協力と集団の一員になること	37	58	30	67	52	68
共感・思いやり・他者への配慮	4	20	31	80	5	39
創造性	17	50	9	30	6	37
文字・数字の初歩的な学習	6	23	0	1	1	22
独立心・自信	6	29	11	44	34	73
絵・音楽・踊り	1	8	0.3	4	1	3
コミュニケーションスキル	4	27	1	5	8	38
運動能力	1	3	0.3	4	1	6
健康・衛生・身づくろい	11	60	14	49	1	7
優しさ	0	2	0	0	0	1

（注）　回答者は，中国人240名，日本人300名，アメリカ人210名。表中の数字は%。
（出所）　Tobin et al., 1989.

気持ちに敏感にふるまい，自発的に協調行動をとる，という目指されるべき日本人像を反映したものであるともいえます。

　日本ならではのしつけや教育の特徴を，私たちは普段はそれほど意識してはいません。しかし，さまざまなやりとりのなかでさまざまなやり方を通して伝えられるこれらの潜在的な期待は，子どもの思考や行動，人格を育てるうえで大きな影響力をもっているのです。

CHAPTER 第4章

子ども教育者という仕事

ともに学び育つために

WHITEBOARD

- ●子ども教育者の仕事はなんだろうか
- ●子ども教育者になるには，どんな資質が必要だろうか
- ●子ども教育者は，どのように成長していくのだろうか

KEYWORDS

計画・実践・評価　　求められる資質と能力　　カウンセリングマインド　　教育者像　　省察　　専門家としての成長　　リアリティ・ショック　　メンタリング　　教員免許の制度　　保育士登録の制度　　師範学校　　義務教育費国庫負担制度　　教諭　　教員免許更新制　　保育士　　保育教諭

みなさんは，これまで多くの「先生」と呼ばれる職業につく人々に出会ってきたでしょう。たとえば医師，教員，弁護士，議員，稽古事の師匠は「先生」と呼ばれます。「先生」は，学問や芸能，技術を教える人を意味するほか，専門的な知識をもつ人や指導的な立場にある人を敬うときに用いられる語です。「先生」と呼ばれる仕事のなかでも，子ども教育者（保育者や教師）とはどのような職業でしょうか。

1　子どもの育ちと学びを促す

> **QUESTION**
> 私たちは，たくさんの教育者に出会ってきた経験をもっています。あなたが子どもの頃に親しみやすかった先生，近づきにくかった先生は，どんな先生でしたか？　当時の自分に戻ったつもりで，思い出してみてください。

出会いから関係づくりへ

　子ども教育者の仕事は，子どもに出会うことからはじまります。ある保育者は，次のように語っています。

EPISODE 16

目による子どもとの接触
　保育者の目と子どもの目とが出会ったとき，保育者と子どもとの間に相互的人間関係の第一歩が成立する。保育者は幼児の目の中に，幼児の精神の動きを見てとる。張りのある状態，あるいは心にわだかまりのある状態などを，目を通して知ることができる。
　幼児もまた，保育者の目の光によって，勇気づけられたり，あるいは，心の張りを失ったりするであろう。
　保育者の目と，幼児の目とが出会って，幼児はそれに安心して自分の活動を開始し，保育者は幼児の心にふれて，その日の精神および身体の状況を知る。ここに，保育者と幼児との間に相互信頼が成立して，その後の保育の実際的出発点となるといってよいであろう（津守真『子ども学のはじまり』フレーベル館，1979年）。

このように大人が子どもに出会うことは，子どもが大人に出会うことと一体の出来事です。大人だけでなく，子ども自身も大人についてさまざまなことを感じとっています。子どもと教育者は，互いに出会ってから認め合い，育つことや学ぶことの喜びをともにする関係を築いていくことになります。

　それでは，どうしたらこのような関係を築くことができるでしょうか。

　子どもの気持ちや行いは，大人のまなざしやふるまい方で大きく変わってきます。子どもは，まわりの大人から自分がどのように思われているかを敏感に感じとっています。大人が，子どもの悪いところに目を向けていると，そのことが子どもへのそっけない言葉や態度に表れてしまいます。すると，子どもは大人の前で自分らしくふるまえなくなったり，大人への否定的な気持ちを抱いてしまったりします。そうなると，子どもと大人の心のつながりが失われてしまいます。

　大人が子どものよいところや育っている部分に目を向けていると，子どもへの表情や言葉，ふるまい方も愛情や思いやりのあるものになります。大人が子どもを信頼して温かく見守ることで，子どもも大人に親しむ気持ちをもち，安心して自分らしさを発揮できるようになります。子どものまわりへの興味や関心も広がり，新しいことをはじめる意欲や活動も増してきます（ボルノー，1978）。

　教育者にとって子どもとの関係づくりは，1人ひとり個性的な子どもの姿を受け入れ，その子のよさや可能性をとらえようとすることからはじまるのです。

保育・授業という営み

　幼児期の保育では園での生活と遊びを通して，児童期の教育では学校の授業を通して，子どもの育ちと学びを促します。そこでの子どもを「育てる」「教える」という仕事は，誰でもできるような簡単な仕事ではありません。保育者や教師は，日々の保育・授業を**計画→実践→評価**という流れで展開しています。それぞれの過程で，保育者や教師がどのように仕事をしているかを見ていきましょう。

　計　　画　　自由な遊びやクラスの活動，授業を構想するとき，子どもの興味や関心，これまでの経験に即して，どのような主題で活動・学習するかを考

えます。主題は，虫探しやバスごっこなど子どもが遊びで見つけていることもありますし，教育者が子どもに提案することもあります。主題にかかわる環境（もの，ひと，状況）や教材にふれて子どもが何を体験するか，活動がどのように進められていくかという過程も予想しておきます（⇨第**2**章）。

そして，子どもに経験してほしいこと，身につけてほしいことなど，教育者の願いを盛りこみながら，子どもに応じた働きかけができるように準備します。大切なのは，子どもの育ちと学びの見通しをもって日々の計画を立てることです。魅力的な主題と子ども自ら活動する過程をよく考えて保育・授業を計画（デザイン）することは，豊かな遊びや学びの経験につながっていきます。

実　　践　実践は，保育と授業の中心となる部分で，教育者と環境と子どもとの相互的なかかわりを通して進められます。子どもへのかかわりに注目してみると，教育者は「1人ひとりに応じる」「子ども同士をつなぐ」という2つの活動を行っています。

「1人ひとりに応じる」ことは，児童はもちろん，発達の個人差の大きい乳幼児にはなおのこと，子どもの特性に応じた働きかけとして大切です。子どもは家庭環境や生活経験によって，物事へのかかわり方や環境の受け止め方が異なります。子どもによってさまざまな感じ方，考え方，かかわり方があるように，1人ひとりにふさわしい教育者の働きかけもさまざまです。教育者は，その子らしい方法で環境に興味をもってかかわり，何らかの思いを実現できるように援助や指導を工夫しています。

「子ども同士をつなぐ」ことは，単純に子どもたちが仲良しであることを目指すわけではありません。保育や授業では，さまざまなイメージや考えが生まれ，子どもたちの間で交流されています。それらの食い違いから，子ども同士の対立や葛藤が生じることもたびたびあります。教育者は，子どもたちのイメージや考えの違いを尊重し，子どもが相手の気持ちに気づいたり，自分の思いを伝えることを学んだりできるように促します。1つの活動にもさまざまな取り組み方が生まれ，個性的で多彩な表現が現れてくると，子どもたちはその交流から豊かに学び合う機会を得ていきます（⇨第**2**章）。

評　　価　教育者は，保育や授業が終わった後に，それらを振り返って評価をしています。評価と聞くと，テストの点数や通知表などの成績表を思い浮

かべる人もいるかもしれません。採点や成績表づくりは，授業を受けた子どもに知識や技能がどう身についたかを測定し表すことで，狭い意味での評価にすぎません。

では，教育者は，どのように保育や授業を評価するのでしょうか。

おおまかに見ると，環境や教材，子どもの活動，教育者自身の活動の3つの点から評価が行われています。ある幼児が，「テラスで氷をつくる実験をしたい」と発言したとします。この発言に触発されて，真冬の季節へのかかわり，氷づくりのイメージ，子ども同士の関係がどう生み出されたか，自分は子どもたちにどう働きかけたか，保育者は振り返ります。一連の活動を通して，どのようなおもしろさが生まれ，気づきや考えが共有されたかなど，子どもの経験の意味が検討されます。

感性豊かに心も体も動く子どもを相手に教育者が営む保育と授業は，刻々と変化していきます。このため，教育者の計画どおりに物事が進むことは，むしろ少ないでしょう。事前の計画と実際の展開にずれが生じたところは，評価の材料の宝庫です。生きた出来事を通して，子どもと物事の新しい理解を得て，学びの経験の深さと広がりを知り，次の保育・授業を創造的に考える手がかりを見出せるからです。

教育者の仕事は，このほかにも園や学校の運営に関すること，保護者への対応に関すること，地域との連携に関することなど，多岐にわたっています。しかし，あくまでも教育者の仕事の中心は子どもの豊かな育ちと学びを促すことにあり，創造的・主体的に保育と授業を営むことにあるのです。

POINT

保育・授業をつくるプロセス

①計画…活動や学習の主題と過程をデザインする。

↓

②実践…具体的な場面で，1人ひとりに応じる，子ども同士をつなぐ。

↓

③評価…環境や教材，子どもの活動，教育者自身の活動を振り返る。

求められる教育者の資質

社会からの期待

21世紀の社会では，国際化，グローバル化，情報化という大きな変化に対応するため，あらゆる領域で新しい知識の重要性が増しています。変化の激しいこれからの時代，1人ひとりの子どもがそれぞれの可能性を伸ばし，将来の社会を担っていくために，質の高い教育を求める保護者や市民の声が高まっています。このような社会からの声に応えるために，教育の直接の担い手となる教育者には，高い資質と能力が求められるようになりました。

それでは，どのような資質や能力が教育者に期待されているのでしょうか。文部科学省は，これからの教師に**求められる資質と能力**について，まとめると次の3つの要素が重要だとしています。

1つめは，教職に対する責任感，探究力，教職生活全体を通じて自主的に学び続ける力です。ここには，教育への使命感や教育的愛情も含まれます。

2つめは，専門職としての知識・技能です。教科や教職についての高度な専門的知識，新たな学びを展開できる実践的指導力，教科指導・生徒指導・学級経営等を的確に実践できる力が求められます。特別な支援を必要とする子どもや（⇨第9章），協同で探究する学習などへの対応が考えられています。

3つめは，総合的な人間力です。豊かな人間性や社会性，コミュニケーション力，同僚とチームで対応する力，地域や社会の多様な組織等と連携・協働できる力のことを意味しています。

教師に望まれているのは，教育への情熱や人格だけでなく，社会の求める知識や技能を教えるために自ら学び続け，専門職として高い力量を得ることです。

---
note
- ★ 新しい知識・情報・技術が，政治・経済・文化をはじめ社会のあらゆる領域での活動の基盤として飛躍的に重要性を増してきた社会を「知識基盤社会」といいます。
- ★ 中央教育審議会教員の資質能力向上特別部会「教職生活の全体を通じた教員の資質能力の総合的な向上方策について（審議のまとめ）」（2012年5月）を参照してください。

また,自分の学級の授業のみを考えるのではなく,教師同士で協力してよりよい学校をつくり,地域の人々とともに子どもを育てていくことが求められています。

POINT

これからの教育者に必要な資質と能力
①教職に対する責任感,探究力,教職生活全体を通じて自主的に学び続ける力
②専門職としての高度な知識・技能
③総合的な人間力

保育者に求められること

先に教育者に求められる資質や能力について述べましたが,保育者について,乳幼児とのかかわりから,もう少しくわしく見ましょう。

乳幼児は,言葉で表現する力はまだ十分ではありませんが,視線,表情,態度,ふるまいによってさまざまなメッセージを伝えています。そのメッセージを受け取ってもらうことで,乳幼児は人とのつながりの意味を学びます。そこで保育者には,乳幼児の発するサインから関心や要求を読み取り,すみやかに対応する感性と柔軟さが求められます。幼児のやりたい気持ちを引き出しつつ,生活と遊びを通して総合的に指導する力は,保育者の専門性の重要な部分です。乳幼児は家庭での経験の差や発達の個人差も大きいですから,1人ひとりに細やかに配慮できることも大切です。

幼稚園・保育所・こども園は,ふだんの保育活動だけではなく,地域の子育て支援センターとしての働きを期待されています。具体的には,未就園児の親子の会,子育て相談,子育て情報の提供などの子育て支援活動が園で行われています。このような機会に,保育者は,**カウンセリングマインド**★をもって,親たちの悩みを丁寧に聴き,円滑にコミュニケーションをとることが求められています。

地域に開かれた園をつくるため,他の保育者と協力して地域の情報を集めた

note

★ 相手が安心して話ができる雰囲気をつくり,相手の思いに寄り添っていこうとする心構え。

り，園の情報を地域に発信したり，地域の人々と交渉したりする力も，ますます重要になるでしょう。最近，乳幼児の声を騒音とみなす苦情が園に寄せられる出来事が，たびたび報道されました。園と地域がよい関係で共存できるように折り合いをつけ，幼い子どもをともに育てる雰囲気が生まれるような対話と工夫が必要でしょう。

　幼児期から児童期にうつる子どもの負担を軽くし，学びの一貫した流れをつくるためには，幼小の交流や連携を進める企画力や実行力も望まれます（⇨第10章）。また，幼稚園・保育所・こども園は，互いに連携を図りつつそれぞれの目的や役割を果たしています。園同士の相互交流や幼稚園教諭と保育士の合同研修などを踏まえ，保育者がさまざまな能力を発揮できるとよいでしょう。

教育者へのまなざし——教育者像のうつり変わり

　教育者に求められる資質と能力は，それぞれの時代の**教育者像**（教育者に期待する役割やイメージ）と深くかかわっています（佐藤，1996）。時代によって，教育者像はどのようにうつり変わってきたのでしょうか。

　もともと学校のはじまりは，教会や寺院が聖職者を育てることに加えて，大衆を教育するようになったことにあるといわれています。教育者は，高い学識をもつ聖職者であり，単に知識を教えるだけでなく，人としての生き方も教えていました。こうした姿が大きく影響し，近代の学校でも「聖職者」としての教育者像が，人々の間に受け継がれてきました。日本では，人間的な品格や厳格な態度とともに，子どもへの深い愛情も教師に強く求められています。

　日本での教育者像は，「聖職者」としてのイメージに続いて，いくつかの教育者像が併存するようになります。中央集権的な学校教育の制度が整うと，教師は「公僕」とみなされ，法に従う精神や献身的な態度が要求されました。教師は，教育者として正しいことをしていれば，貧しい生活でも満足するという考えもありました。1960年代の高度経済成長期には，教育者も「労働者」であり，待遇を改善するべきだという主張がくり広げられるようになります。

　さらに，教育者を「専門家」ととらえる動きも出てきました。経済発展による社会の変化を背景に，ILO（国際労働機関）・ユネスコ★が「教員の地位に関する勧告」（1966年）を出しました。そこで，教職は国際的に専門職として位置

づけられています。日本では，教育行政の主導で，教育者の専門的な知識や技術の向上が図られるようになりました。近年は，「省察★」に基づいて実践の問題と格闘する「専門家」の教師像も登場しています（ショーン，2001）。

> **POINT**
>
> **教育者へのまなざし**
> 教育者には，｛ 聖職者
> 　　　　　　　　公僕
> 　　　　　　　　労働者
> 　　　　　　　　専門家　｝としての役割やイメージが与えられてきました。

3 教育者は，どのように育つ？

> **QUESTION**
>
> 子どもの成長と大人の成長，子どもの学習と大人の学習の，共通する点と異なる点を挙げてみましょう。何を成長ととらえるか，成長を促すものは何か，学習の対象は何か，誰に教わるか，どのような方法で学習するかなど，いろいろな観点で考えましょう。

教育者の成長

　教育者は，保育者や教師の職についたときから，生涯にわたって教育者として成長します。養成校での教育は，教育者になる準備のための教育で，そこで教育者としての学びが完成するわけではありません。教育者が**専門家として成長**する過程は，およそ次のようになります。

---
note

★　ILOは，動労条件と生活水準の改善により世界の平和を確立することを目的とする国際機関です。ユネスコ（UNESCO）は教育・科学・文化の協力・交流を通じて，平和と福祉の促進を目的とする国際機関です。

★　「省察」(reflection)は，教育者の専門性を表す重要な概念です。実践の問題を解決するため，自らの経験をもとに，出来事の意味や自分の信念・知識について注意深く考えることを意味します。省察と熟考を核に実践に取り組む専門家を，「反省的実践家」といいます。

初任者の段階　園・学校の仕事に参加することから学ぶ時期で，準備をしても実際の場面で思うように活動を進めることは難しいと感じます。やがて学んだことを実践で生かせるようになりますが，子どもや出来事について表面的に考えたり，先輩の助言をうのみにしたりすることもあります。自分の働きかけが子どもの発達を促すことに手ごたえを感じるようになると，新しい知識や理論にも興味をもちはじめます。

　中堅者の段階　専門職としての意識を強くもつようになり，職場の同僚との関係も安定して連携も円滑に進めていくことができます。子どもの言動や状況をよく見ることで，ふさわしい対応を判断できるようになり，実践者として自分を信頼して落ち着いて子どもにかかわれるようになります。保育・授業の質にも関心をもつようになり，子どもだけでなく，親をはじめ子どもを取り巻く関係や環境に働きかけることの必要性を意識していきます。

　熟達者の段階　実践の複雑な問題に対応できる知識や経験を得て，子どもの内面をより深く理解し，状況に合わせながらも自分らしい保育・授業ができるようになります。中年期の後半になると，身体的な面はおとろえますが，管理職として経営や若手の教育に力を発揮していきます。実践の問題にとどまらず，子どもや家族の生活に影響を与える社会の問題について，その改善に向けて働きかけるようにもなります。

　このような教師のライフステージについて，近年は，教師の成長を支える仕組みづくりが重視されています。教育者の専門的な力量は，日々の保育・授業や同僚とのかかわり，研修，研究会を通じて形成されます。それぞれのライフステージに応じて，園・学校で担う役割も異なりますので，身につける資質や能力も変わります。そこで，さまざまな研修のあり方が検討されてきました。

　日本では，保育や授業の観察と記録による園内研修・校内研修が盛んです。また，教育行政を中心とする研修も，初任者研修・10年経験者研修をはじめ，職能や役職に応じた研修，専門的な知識や技術に関する研修などさまざまです。このように，教育者は，生涯を通じて学ぶ機会を得ることができますし，社会の変化と教育の複雑な問題に対応するためにも，学び続けることが求められています。教育者の性格は，子どもに「教える」から自分も「学び続ける」へ変

わってきているのです。

成長を支えるメンタリング

リアリティ・ショック　みなさんのなかには，「子どもが好き」「あこがれの先生がいた」という理由で教育者を目指す人もいるでしょう。教育者になる夢をもって学習に励み，採用試験を突破して保育者や教師になる人も多いと思います。けれども，教育者としては限られた期間の実習を経験したにすぎません。そのため，保育や授業の場面では，さまざまな壁につきあたることもあります。養成校を卒業し，幼稚園で4歳児の担任になった初任のA先生は，次のように1学期を振り返っています。

保育者になりたてのころ　　　　　　　　　　　　　　　　　EPISODE 17

　4歳児は本当にわかりませんでした。みんなを動かそうとしても動いてくれないし，手をこまねいているとバラバラになります。「1人ひとりを大切に」と学んだことを実践しようとしても，クラスがまとまらないので戸惑ってしまい，ついいら立ちを子どもにぶつけてしまっていました。子どもたちのしゅんとした顔が頭から離れず，自分の力のなさにも情けない思いで，心のなかで「楽しませてあげられなくてごめんね……」と謝っていました。

　6月に私の保育を見てくれた副園長先生が，「先生という立場にこだわって，子どもを見ていない？」「もっと力を抜いて子どもと遊んでいいのよ」といってくださいました。そうしてみると，子どもたちは虫を探したり，歌ったり，製作したり，本当に輝いていました。砂だらけになって遊んでいる姿を見ると，私も一緒になって遊びたいという思いがわいてきました。

　私は言葉で子どもを動かそうとしていましたが，子どもたちは体でいろんなことを教えてくれていました。子どものことがわからないと悩んでいましたが，子どもも私の言葉がわからなかったと思います。子どもが「楽しそう」と思うのは，まだ私自身が子どもの遊びを外から眺めているのだということに気づきました。私も一緒に「楽しい」という気持ちになることが，子どもを理解する第一歩なのかなと思います。

　保育者になる前にA先生のもっていた保育や子どものイメージは，理想的なものですから，思うようにいかない現実を前に崩れてしまいます。こうした理想と現実のギャップから衝撃を受けることを，**リアリティ・ショック**といいます。A先生もリアリティ・ショックから気落ちしてしまい，自分を責めるようになってしまいました。

若手の教育者は，実践についての力量も不足していますし，多くの仕事をこなすことにも慣れていません。何をどこまでやっていいか判断する経験も乏しいので，多くの場面であわてて混乱してしまい，心身ともにストレスを抱えてしまいます。

　こうしたことから，若手の教育者は，現場でまわりからさまざまな支援を必要としています。A先生には，副園長がさりげなく助言をくれたり，先輩の保育者が保育室の環境づくりを手伝ってくれたりしました。A先生も，子どもと一緒に遊びを楽しめるようになった自分に，自信をとり戻しています。

　若手の教育者の成長を支える同僚とのかかわりに，「メンタリング」と呼ばれる関係があります。次に，メンタリングについて説明しましょう。

　メンタリング　　教育者は，1人で専門書を読んだり，研修に参加するだけで育つわけではありません。教育者の成長で大切なのは，現場の実践的な経験を共有し合い，専門家の集団で同僚と学び合うことです。専門家としての成長を促す学び合いで注目されるのが，**メンタリング★**です（岩川，1994；福元，2007）。

　メンタリングは，熟達した教育者が，若手の教育者の専門家としての自立と成長を見守り，支援することをいいます。若手を支援する熟達者は，メンターと呼ばれます。メンタリングは，決められた制度ではなく，若手と熟達者の出会いによる1対1の関係です。

　メンターの役割はさまざまです。メンターは，若手の悩みを聞いたり，うまくいったことを認めたりして，その気持ちを支えます。若手が教育者として育つ見通しをもてるように励まし，ときには新しいことへの挑戦を促します。実践の具体的な助言や手助けをし，自らの実践を通して，若手に教育者としての役割を示すこともします。メンターは，上下の関係ではなく，ともに子どもを育てる対等な関係で，若手を精神的・専門的に支援していきます。

　メンタリングは，若手の学びや成長に目が向けられがちですが，メンターにとっても学びをもたらします。メンタリングを通して，相手の話を聞いたり，問いかけたりする技能が高まり，自らの保育や子どもについての考えも深まり

---

note

★　「メンタリング」という言葉は，古代ギリシャのホメロスによる叙事詩『オデュッセイア』に登場するオデュッセウスより，息子テレマコスの教育を任せられた「メントール」という賢者が，よき理解者，支援者，指導者として働いたことに由来しています。

ます。メンターの保育を語る言葉も豊かになり，同僚と協働して働く専門家としての意識も確かなものになります。このように，若手もメンターも成長していくことで，新しい実践や専門家としての文化が豊かに生み出されていくのです。

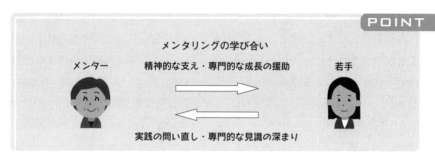

4 制度から見る子ども教育者

資質と専門性を約束する──免許と登録の制度

　保育者と教師は，子どもの保育や教育という公的な使命と責任を社会から与えられています。教育基本法という法律で，教育は子どもの人となりを育み，国と社会をつくる資質を培い，健康な心と体を育てることを目的とすることが述べられています。教師の仕事は，公の性格をもつ学校で教育の目的に即して子どもの学びを生み出すことです。その使命と職責の重要性から，教師の身分は社会的に尊重され，ふさわしい待遇が必要とされています★。また保育所の保育士は，専門的な知識と技術をもって，子どもの保育と保護者への保育に関する指導を行うことを仕事とします★。近年の少子化における子育て支援の充実のためにも，保育士の仕事の重要さは特に増してきました。未来を担う子どもたちを育てるということから，保育者も教師も社会からおおいに期待されている

──note

★　教育の目的については教育基本法の第 1 条，教員の社会的な地位については同法第 9 条を見ておきましょう。

★　保育士の定義については，児童福祉法の第 18 条の 4 を見ておきましょう。

職業です。

　子どもを教育するという社会的な責任を果たすには，保育者と教師の資質を保ち，向上を図ることが必要です。そのため，教師には**教員免許の制度**，保育所の保育者には**保育士登録の制度**があります。それぞれの制度の一般的な内容を見てみましょう。

　教員免許制度では，学位と教職課程などでの単位取得の所要資格を得て，都道府県教育委員会に申請すると普通免許状が与えられます。普通免許状には，学位や称号に応じて専修免許状（修士），一種免許状（学士），二種免許状（短期大学士，準学士）の区分があります。これらの区分で職務上の違いはありませんが，近年は教育の高度化により，大学院でも高い学識と技能をもつ教員の養成が広がってきました。そのほか，特別免許状および臨時免許証があります（教育職員免許法第4条）。また幼稚園や小学校の教師になるには，原則として学校種ごとの教員免許状が必要です（相当免許状主義）（⇨ウェブサポート）。

　保育士登録制度では，指定保育士養成施設の卒業や保育士試験の全科目合格で保育士となる資格を得た後，都道府県に保育士登録をして保育士証の交付を受けます。登録手続きを行わなかったことで，保育士となる資格を失うことはありません。ですが，「保育士」の名称で児童福祉施設で働くためには，保育士証の交付が必要です。この手続きは，2003（平成15）年の児童福祉法の一部改正により，保育士資格が法定化されたことによるものです。当時，無資格者が保育士を名乗って幼児を虐待する事件があちこちで発生しました。そこで，登録制度により無資格者が保育士の名称を使うことを禁止したのです。

　このように免許や登録の制度は，保育者と教師の専門職としての資質と安全で一定の保育・教育を保証するためのものなのです。

POINT

子ども教育者の免許と資格

| 教員の普通免許状 | …専修・一種・二種の区別がある。学校の種類ごとにある。 |
| 保育士の資格 | …取得後に登録することで，保育士と称することができる。 |

> **QUESTION**
> 　教師や保育士のほかにも，免許や資格の制度がある専門的な仕事はたくさんあります。たとえば，医師，看護師，弁護士，税理士，調理師などです。それらの免許・資格の内容や取得する方法を，教員免許や保育士資格と比べて，わかったことを話し合ってみましょう。

教育者の歴史を振り返って

　ここで，子ども教育者の制度や養成について歴史を振り返っておきましょう。それぞれの時代のニーズに応じて，教育者の質を高め，その数を確保することが課題だったことが見えてきます。

　戦　　前　明治のはじめに「学制」(1872〔明治5〕年)が発布され，それまでの寺子屋や私塾に代わる近代的な学校が登場しました(⇨第 **5** 章)。政府は，学校教育にふさわしい教師を養成するために，欧米にならって**師範学校**★の設立を促します。しかし，各地で小学校が増えたために，教師の需要も急速に増え，教師不足が問題になりました。このため，小学校では多くの無資格の教員が授業を担当する状況が続きました。★

　日本の近代化を進めていくには，教育の質を高めることが不可欠でした。そこで，教師の質を保証する制度を充実させる必要がありました。1880年代には，教員資格の要件が免許制度という形で整えられ，有資格の教員になるには免許状の取得が義務づけられています。教師になる優秀な人材を確保するために，教員の待遇をよくする政策もとられました。たとえば，1940年に整備された**義務教育費国庫負担制度**★は，国が教員給与の一部を負担することで，全国的に教員給与をふさわしい水準にしようとするものでした。

　保育者については，小学校の教員よりも資格や養成の制度づくりは遅れてい

───────── note

★　「師範学校」は戦前の教員養成機関の総称です。
★　このときの小学校教員資格の要件は，男女20歳以上で，師範学校卒業免状か中学免状を有する者となっていました。無資格の教員は，後に「代用教員」と称されるようになりました。
★　すべての子どもが無償で一定水準の義務教育を受けられるようにするため，公立の義務教育諸学校の教員給与について，国と地方の負担によりその全額を保障するものです。ただし，2005年に国の負担割合が2分の1から3分の1に引き下げられました。

ました。戦前の保育者は，「保姆」と称されていました。長い間保育者の専門性は理解されず，小学校教員の資格がそのまま幼稚園の保姆の資格になっていました。保姆の免許状についての規定ができたのは，幼稚園令（1926年）のときです。保育所の保育者については，戦前は資格を定めた規定はありません。このため，幼稚園の保姆資格をもつ者が保育所の保姆として働いていました。

　師範学校が主に官立や公立で設立されたのに対し，幼稚園の保育者養成機関はほとんどが私立の各種学校で，修業年限も短いものが大半でした。また，保育所の保育者養成機関ははじめはありませんでした。しかし，産業化や戦争で保育所のニーズが高まり，1940年頃から各地で養成機関がつくられるようになりました。

　戦　　後　戦後，幼稚園は学校として位置づけられ，小学校教師と同じく保姆の名称も「**教諭**」になりました。また，教員養成は原則として大学で行われることになり，養成の水準が高められています★。広い視野をもつ教師を育てるために，一般大学と教員養成大学を問わず，養成課程で必要な単位を得た者に免許状を与えるようにもなりました（開放制の原則）。

　1960年以降は，科学技術の急速な発達にともなって，知識や技術だけでなく子どもの個性や創造力を伸ばす教育が重視されるようになります。このような教育を実現するため，教師の資質や専門性を高めることが社会全体の課題として意識されました。そこで教師として優れた人材を確保するために，教員の給与の段階的な改善もなされました。

　2009年からは，**教員免許更新制**という新しい制度もはじまりました。これは，教師として必要な資質や能力が保たれるよう，定期的に最新の知識・技能を身につけることを目指すものです★。

　保育所の保育者（保母）の制度も整えられていきました。保母資格は，厚生大臣の指定する養成校を卒業した者，または保母試験に合格した者に与えられると定められました。1990年代以降は，乳幼児の発達を保障する保育者の専

---

note
- ★　学校教育法（1947年）により幼稚園や小学校には「教諭」を置くことになり，「教育職員免許法」（1949年）で免許状の取得が定められました。また，師範学校という特別な学校は廃止されました。
- ★　教員免許更新制により，教師には，10年ごとに教員免許更新講習を30時間以上受講し，修了することが義務づけられました。

門性が意識され，大学での養成も広がっています。さらに保母という名称は，男女の区別なく働く社会をつくる政策のもとで「**保育士**」に改められました。★

　最近も，保育者の資格についての新しい動きがありました。子ども・子育て支援新制度の導入（2015年）で，学校および児童福祉施設である「幼保連携型認定こども園」がつくられました。その職員として，新たに「**保育教諭**」が置かれることになりました。保育教諭については，幼稚園教諭免許状と保育士資格の両方の免許・資格をもっていることを原則とします。あわせて，保育教諭を養成する制度づくりやカリキュラムの検討が進められています。保育者という職業に対する社会的な期待は，今後ますます大きくなっていくでしょう。

POINT

子ども教育者の歴史
戦前…保育者の養成や制度は，小学校教師よりも遅れていた。
↓
戦後…保育者も小学校教師も，高度の専門家としての養成や制度が整えられてきた。

---

note

★　保母の資格は，1948年の児童福祉法施行令で定められました。1999年の同法施行令改正で，「保母」は「保育士」の名称に変わりました。さらに，2003年の児童福祉法改正により，2003年から保育士は国家資格になっています。

4　制度から見る子ども教育者

第 2 部
子ども教育の理念と歴史

PART 2

CHAPTER
- 5　子ども教育の系譜──子どもはなぜ園・学校に通うのか
- 6　子どもという存在──子どもはいかに発見されたか
- 7　子ども教育について考える──先人たちの知恵に学ぼう
- 8　子ども教育を支える仕組み──豊かな学びを実現するために

CHAPTER

第 5 章

子ども教育の系譜

子どもはなぜ園・学校に通うのか

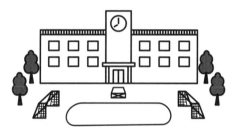

WHITEBOARD

- 子どもはなぜ学校に通うのだろう
- 子どもはいつ頃から,どのようにして,学校に通うようになったのだろう
- 就学前保育・教育施設は,どうして幼稚園,保育所,認定こども園に分かれているのだろう
- 子どもたちは学校でどのような学びを経験してきたのだろう

KEYWORDS

小学校　公教育　国民教育　義務教育　学制　教育令　小学校令　教育勅語　国民学校令　教育を受ける権利　教育基本法　中学校　学校教育法　幼稚園　幼稚園令　保育所　児童福祉法　幼保一元化　認定こども園　一斉授業　新教育　民主主義

1 小学校の成立と展開

> **QUESTION**
> 現在，日本に住む6歳から15歳の子どもは，6・3制の義務教育制度のもとで，ほぼ一様に学校に通っています。それはなぜか考えてみましょう。

公教育・国民教育・義務教育

　近世の子どもの教育は，藩校，寺子屋，私塾など，身分によって異なる教育機関で行われていました。家庭外の施設での教育を受けない子どもも多くいました。明治以降，**小学校**が設置され，すべての子どもが通うべき教育施設となり，実際にほとんどの子どもが通うようになります。それは**公教育**，**国民教育**，**義務教育**の成立を意味していました。公教育は，公的な性格をもち，公的に維持される，人々に開かれた教育です。★ 国民教育は，国家が国民国家の建設・維持・発展のために，国民を育成する教育です。義務教育は，その社会の子どもに義務的に適用される教育とその制度です。近代日本の小学校教育の普及の過程では，公教育と国民教育と義務教育が重なり合いつつ成立しています。

　日本における公教育の萌芽は，武士と庶民に門戸を開き，地域の公的な教育機関となった幕末の郷学(ごうがく)にみることができます。その後明治維新を経て，公教育は国家による国民教育として制度化されました。その出発点となったのは1872年の**学制**発布です。その序文にあたる学制布告書に示された教育理念は，以下のような特徴をもっていました。第1に，「一般の人民（華士族農工商及女子）必ず邑に不学の戸なく家に不学の人なからしめん事を期す」という言葉で，すべての人が学ぶ場としての学校が構想されています。第2に，「国家の為」に学ぶという考えが否定され，学校で学ぶ目的が個人の立身出世に置かれてい

---

note
★　公教育とそれ以外の教育は，以下のような基準で区別されます。①国や公共団体の関与，②公開性，③教育の目的と内容の公的・公共的・社会的性格，④「教育を受ける権利」の保障（教育思想史学会編，2000）。

CHART 表5.1 年表

年	内容
1872年 学制	・公教育が国家によって制度化される。有償。
1879年 教育令	・就学免除が規定される。
1880年 改正教育令	・地方自治体の小学校の設置義務が厳格化される。
1886年 第一次小学校令	・保護者の教育を受けさせる「義務」が明記される。
1890年 第二次小学校令	・小学校の目的が「道徳教育」「国民教育」「普通教育」と規定される。
1900年 第三次小学校令	・授業料が廃止される（義務教育の制度的な完成）。
1907年 小学校令改正	・義務教育の年限が六年になる。
1941年 国民学校令	・貧困が就学猶予・免除事項から削除される。
1947年 教育基本法	・教育を受ける権利が規定される。小学校と中学校の九年間が義務教育機関となる。
2006年 教育基本法改正	・義務教育期間の規定が削除される。

ます。その背景には個々人の独立が国家の独立につながるという福沢諭吉の「学問のすすめ」の思想がありました。第3に，旧来の学問が有用性を欠くとして批判され，欧米の学校制度，教育方法，教育内容が導入されます。幕末期には藩校，寺子屋，郷学といった教育機関が普及していましたが，学制はその歴史を断ち切り教育の近代化＝欧米化を図りました。

　学制は小学校の設置を促進し，その普及の土台を形成しました。発布後の5年間で2万5459校もの小学校が設置されています。その際，教育の義務制や無償制は成立していなかったため，小学校の設立と運営の費用は主に授業料と地域の徴収金や寄付金でまかなわれていました。一方には長野県松本市の開智小学校（次頁写真）のように，多額の費用をかけて西洋の建築を模した校舎を建設した例もあり，その地域の小学校教育への期待の高さをうかがわせます。しかしもう一方では，小学校の費用負担や欧米モデルの教育への反発から，新政府反対一揆の際に学校が打ちこわしの対象となることもありました。このような学制への批判を踏まえて，1879年に**教育令**が公布され，地方分権と教育水準の引き下げが行われています。しかし地方によっては就学率が低下したため，翌年には改正教育令が公布されました。

　義務教育の制度が確立し，小学校が国民教育の場として完成するのは，**小学校令**とその改正においてです。その過程では，教育の目的として，個人の立身

開智小学校（時事通信フォト提供）

出世よりも国民統合★が強調されます。第一次小学校令（1886年）には初めて「義務」の言葉が登場し、保護者は学齢の子どもに「普通教育」を受けさせる「義務」を負う★と明記されます。修業年限は尋常小学校の4年間で有償でしたが、貧困で就学困難な子どものために、修業年限3年以内で基礎的な読み書き算を教える無償の小学簡易科を設置することができるとされました。第二次小学校令（1890年）では、初めて小学校の詳しい目的が定められ、「道徳教育」「国民教育」「普通教育」の教育として規定されます。★小学簡易科は廃止され、かわりに尋常小学校の修業年限が3年または4年と変更されました。第三次小学校令（1900年）では、修業年限を一律に4年とし、授業料が廃止されます。その後1907年に、義務教育の年限が6年間に延長されています。

第二次小学校令と同じ1890年には、「教育ニ関スル勅語」（**教育勅語**）が発布されています。明治天皇の言葉として出された教育勅語は、道徳教育の根本理念を、天皇を中心とする国体における臣民の教育として提示しました。教育勅語そのものは法律ではありませんでしたが、総力戦体制下の1941年に**国民学校令**として具体化されます。国民学校令は小学校を国民学校へと改称し、初等教育の目的を「皇国ノ道」すなわち国体と臣民の道徳に即した臣民教育として規定しました。★

大日本帝国憲法（1889年公布、1890年施行）には、**教育を受ける権利**についての言及はありませんでした。そのもとにおける義務教育の制度は、国家主義の

note
- ★ 国民という単一のアイデンティティに統合すること。
- ★ 保護者が就学させる義務を負っている期間にあること。
- ★ 第一次小学校令で尋常小学校と高等小学校が設置されます。併置された場合は尋常高等小学校と呼ばれました。
- ★ 「小学校ハ児童身体ノ発達ニ留意シテ道徳教育及国民教育ノ基礎並其生活ニ必須ナル普通ノ知識技能ヲ授クルヲ以テ本旨トス」。
- ★ 「国民学校ハ皇国ノ道ニ則リテ初等普通教育ヲ施シ国民ノ基礎的錬成ヲ為スヲ以テ目的トス」。

立場による強制教育としての特徴をもっていたといえます。第二次世界大戦の敗戦の後，日本国憲法（1946年公布，1947年施行）によって教育を受ける権利が規定されます（⇨第**8**章）。**教育基本法**（1947年）の前文には，日本国憲法が掲げた民主的で文化的な国家，世界の平和，人類の福祉という理想の実現を教育に期すと記されています。第1条★では，教育の目的として「人格の完成」が掲げられました。国民の形成を超えた，より普遍的な価値が志向されたといえます。

教育基本法は小学校と新制**中学校**の9年間を義務教育期間としました。戦前の中等教育機関は，男子が中学校，女子が女学校と，生徒の性別によって異なっていましたが，教育の機会均等の理念にのっとって，小学校から中学校，高校，大学へと進学する単線型の教育体系が構築されました。なお2006年の教育基本法改正で義務教育期間の規定が削除され，高等学校★や5歳児への義務教育年限の延長が議論されています。

学校に通う子ども・通わない子ども

第三次小学校令（1900年）による無償化をもって義務教育は制度的な完成をみました。就学率も1905年には95％を超えます。ただし就学した子どもの多くが実際に小学校に通い卒業するようになったのは，1920年代から30年代だろうといわれています。就学率と卒業率の高まりは，子どもが労働から解放されたこと，学校教育が子どもやその家庭にとって意味をもつようになったこと，学歴が社会的に積極的な価値をもつようになったことを表しています。

学校への就学が促進される半面で，そこから排除された子どももいました。

―――――――――――――――――――――――――――note

★ 前文　われらは，さきに，日本国憲法を確定し，民主的で文化的な国家を建設して，世界の平和と人類の福祉に貢献しようとする決意を示した。この理想の実現は，根本において教育の力にまつべきものである。

われらは，個人の尊厳を重んじ，真理と平和を希求する人間の育成を期するとともに，普遍的にしてしかも個性ゆたかな文化の創造をめざす教育を普及徹底しなければならない。

ここに，日本国憲法の精神に則り，教育の目的を明示して，新しい日本の教育の基本を確立するため，この法律を制定する。

★ 第1条（教育の目的）　教育は，人格の完成をめざし，平和的な国家及び社会の形成者として，真理と正義を愛し，個人の価値をたつとび，勤労と責任を重んじ，自主的精神に充ちた心身ともに健康な国民の育成を期して行われなければならない。

★ 高等学校等への進学率は98.7％（2016年）です。

義務教育が整備される過程は，誰が学校に通い，誰が通わないのかという線引きが行われる過程でもありました。1879年の教育令には，「事故ありて就学せしめざるもの」はその事由を「学務委員」に述べることという就学免除の規定が現れます。1881年の「就学督責起草心得」では，病気の子ども，親族が病気で看護にあたる子ども，障害のある子ども，貧困家庭の子どもが「事故あり」とされました。義務教育が無償化された第三次小学校令でも，発育に遅れのある子どもは就学猶予，障害のある子どもは免除，貧困家庭の子どもは猶予または免除の対象となっています。

1898年に始まる工場法をめぐる議論では，工場で児童労働に従事する子どもの教育が主題化され，貧困な子どもを労働力としてとらえる論理と，子どもは保護され教育されるべきであるとする論理が対立しました。1911年には工場法（1916年施行）が成立し，学齢にある12歳未満の子どもを就業させることが禁止されます。ただし官庁の許可があれば10歳以上の者を就業させることができるという例外規定が設けられ，就業中の不就学の子どもについては，工場主が工場内に学校をつくるか，工場外の学校に通わせることになりました。★なおその他にも，商業や子守りなどの児童労働に従事する学齢の子どもたちが，不就学の状態にあったり，学齢を超えた子どもを対象とする尋常夜学校に通ったりしていました。貧困は国民学校令（1941年）において，就学猶予・免除事項から削除されます。

第二次世界大戦後の教育改革における義務教育期間の延長は，小学校の卒業後は労働に従事していた子どもたちが，学校に通うべき存在となることを意味していました。そのため1950年代には，再び不就学や長期欠席が問題となります。文部省が1951年から58年にかけて行った「長期欠席児童生徒調査」では，長期欠席の理由として「本人の疾病異常」「勉強ぎらい」「家庭の無理解」が多く挙げられています。地域の労働，産業，文化のあり方によっては，子どもは労働力であり，中学校教育の必要性は認識されていませんでした。なおこの長欠調査は就学督促をともなっており，1952年の時点で約18万人（学齢生徒の約4％）いた長期欠席の中学生は，1958年には約8万人にまで減少します。

---

note

★ 工場内の学校は，1923年に12歳までの子どもの工場労働が禁止されたことによって廃止されます。

その際に就学督促を推進する根拠となったのは「教育の機会均等」の理念でした。この時期には，経済的な理由によって就学困難な子どもに学用品費，学校給食費等を補助する就学援助を定めた法律が制定されています。★

　障害のある子どもも就学免除・猶予の対象でした。障害児の教育は，1898年の内務省官制で内務省の管轄となり，保護と救済を行う慈善事業として位置づけられました。盲・聾児については，1900年前後から私立の盲啞学校が増加し，1923年の「盲学校及聾啞学校令」によって教育として制度化されます。普通教育の保障が記されましたが★，就学義務はありませんでした。知的障害児については，民間の障害者施設が設立されたほか，「劣等児」「低能児」のための特別学級が設置されました。養護学校と養護学級は，国民学校令（1941年）下において制度化されています★。障害児の学校教育への本格的な包摂は第二次世界大戦後に推進されました。「**学校教育法**」（1947年）において，特殊教育の枠組みで盲学校，聾学校，養護学校が規定されます。盲学校と聾学校については翌年から就学及び設置の義務制が実施されましたが，養護学校については延期されました。1956年に国の財政補助が定められたことによって養護学校の設置が推進されますが，多くの子どもが不就学である状況が続きます。1970年に心身障害者対策基本法が制定され，障害者の権利保障が課題となり，1979年から養護学校の義務制が実施されました。養護学校の義務化をめぐっては，個々の子どもに応じた発達の保障のために養護学校の設置を推進する「発達保障論」と，障害のある子どもの分離を否定し地域の学校への通学を求める「共生共学論」の2つの意見が対立しています。2007年から実施された「特別支援教育」の制度では，多様なニーズに個別に応えつつすべての子どもがともに学ぶインクルーシブ教育が目指されています（⇨第**9**章）。

　日本に住むほとんどすべての子どもが小学校，中学校に通うなかで，いまだ学校から排除される可能性を有し，教育を受ける権利を保障されていないのが

──────────note

★　近年の経済格差の拡大によって，就学援助を受けている小中学生の割合は，1995年の6.1%から2013年の15.4%へと高まっています（http://www.mext.go.jp/b_menu/houdou/27/10/1362524.htm）。

★　第一条　盲学校ハ盲人ニ，聾啞学校ハ聾啞者ニ普通教育ヲ施シ其ノ生活ニ須要ナル特殊ノ知識技能ヲ授クルヲ以テ目的トシ特ニ国民道徳ノ涵養ニ力ムヘキモノトス

★　1942年度の設置状況は，身体虚弱児学級1616学級，知的障害児学級66学級です。

1　小学校の成立と展開

> **Column ❸　教育機会確保法**
>
> 　2016年12月に「教育機会確保法（義務教育の段階における普通教育に相当する教育の機会の確保等に関する法律）」が成立し，2017年2月に施行されました。この法律は，教育基本法や子どもの権利条約の趣旨に則り，不登校の子どもや夜間中学などに通う者を支援するため，教育の機会を確保することを目的としています。その基本理念として，すべての子どもが安心して教育を受けられる学校環境を確保すること，不登校の子どもの状況に応じて必要な支援が行われるようにすること，当事者の意思を尊重しつつ年齢や国籍等に関わらず「能力に応じた教育」を受ける機会が確保されるようにすることなどが定められました。(http://www.mext.go.jp/a_menu/shotou/seitoshidou/1380956.htm)。
>
> 　「教育機会確保法」の成立過程では，不登校の子どもがフリースクールや家庭など学校以外の場で個別学習計画に基づいて学ぶことを，義務教育として認めようという提案がなされていました。学校以外の場での義務教育が認められるならば，公教育の大きな転換点となります。しかし，一方では不登校の子どもの学校からの排除につながるのではないか，フリースクールや家庭が計画で縛られ子どもを追い詰めるのではないかといった反対があり，他方では学校に行かないことを助長するのではないかという反対があり，認められませんでした。
>
> 　この法律は3年後には見直されることになっています。学校以外の場での義務教育という選択肢が検討される状況は，公教育とは何であるかという問いの再考を求めています。

外国籍の子どもです。日本国憲法は「国民」である保護者に就学義務を課しています。そのため外国籍の子どもの保護者は，小学校や中学校への就学を希望し許可されなければなりません。文部科学省の2006年の調査では，調査地域の合計で1.1％（112人）の子どもが公立学校にも外国人学校にも在籍していませんでした。転居・出国等の理由で連絡がとれない状態の子どもが17.5％（1732人）いるため，不就学の子どもはさらに多いと考えられます。不就学の理由としては，学校に行くためのお金がないこと，日本語がわからないこと，すぐに母国に帰国すること等が挙げられています。貧困や言葉が就学の障壁と

---
note
★　憲法第26条第2項　すべて国民は，法律の定めるところにより，その保護する子女に普通教育を受けさせる義務を負ふ。

なっていることがわかります。国連の社会権規約委員会の総括所見（2013年）は，日本に対し，外国籍の子どもについても義務教育の状況の監視を適用するよう促しています。

現在，なぜ学校に通うのかという問いは，不登校の子どもたちとともにあります。学校基本調査に長期欠席の理由として「学校ぎらい」のカテゴリーが登場したのは1966年です。このカテゴリーは1970年代から80年代に「登校拒否」と同一視されるようになり，1998年以降は「不登校」へと変更されました。登校拒否は当初，長期欠席の子ども自身やその家庭の病理現象として議論されています。それに対して1980年代半ば以降，登校拒否はすべての子どもに生じうるとされ，むしろ登校を強いる学校中心の社会を批判的に問う視点や，学校に通わないあり方を積極的に価値づける視点が示されました。2013年度の調査によれば，2万4175人（0.4%）の小学生，9万5442人（2.7%）の中学生が「不登校」です。戦後の義務教育の理念に照らすならば，多様な子どもたちがともに学ぶことのできる場へと学校を変革するとともに，不登校の子どもたちの教育を受ける権利を多様な方途で保障する必要があるでしょう（⇨ Column③）。

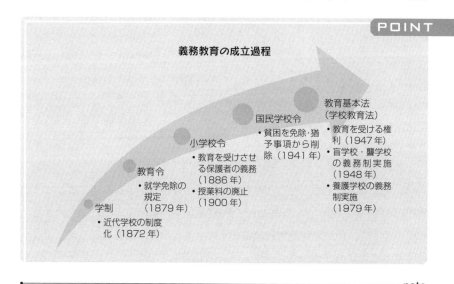

POINT

義務教育の成立過程

- 学制
  - 近代学校の制度化（1872年）
- 教育令
  - 就学免除の規定（1879年）
- 小学校令
  - 教育を受けさせる保護者の義務（1886年）
  - 授業料の廃止（1900年）
- 国民学校令
  - 貧困を免除・猶予事項から削除（1941年）
- 教育基本法（学校教育法）
  - 教育を受ける権利（1947年）
  - 盲学校・聾学校の義務制実施（1948年）
  - 養護学校の義務制実施（1979年）

---

note

★ 文部科学省「外国人の子どもの不就学実態調査」2006年（http://www.mext.go.jp/a_menu/shotou/clarinet/003/001/012.htm）。

★ 当初は年間50日以上，1991年以降は年間30日以上欠席した児童・生徒。

2 幼稚園と保育所の成立と展開

> **QUESTION**
> 現在，4，5歳児の95％以上が幼稚園または保育所に在籍しています。幼い子どもが保育を受けることの意義はどのような点にあるか，考えてみましょう。

幼 稚 園

　日本の幼稚園と保育所は異なる起源をもち，異なる制度のもとで発展してきました。まず幼稚園の成立と展開の過程を確認しましょう。**幼稚園**は歴史的に，教育機関として学校制度のなかに位置づけられてきました。1872年の学制では，6歳より下の年齢の子どもの就学前教育の機関として「幼稚小学」が構想されます。ただし小学校の整備が優先されたため，実際には設置されませんでした。

　幼稚園教育の出発は，1876年の東京女子師範学校（現お茶の水女子大学）の附属幼稚園の開設に求めることができます。その設置の理由は，幼稚園の模範を示すため，教育を発展させるため，女子師範学校の生徒の実験のためという3点で示されていました。幼稚園規則の主旨の最初には，子どもの知的な開発が掲げられ，啓蒙的な知育の重視という当時の教育の特徴を映し出しています。★
この幼稚園には上流の家庭の子どもたちが多く通い，フレーベルの理論と恩物による指導が行われました（⇨p.105，第1章）。

　学制発布から数年のうちに2万を超える小学校が設置されたのに対して，幼稚園は1885年になっても全国でわずか30園にすぎませんでした。そのような状況のもとで，幼稚園は貧困層にこそ必要だととらえ，簡易な幼稚園を普及させようとする試みが推進されます。「文部省示諭」（1882年）は，規模が大きく

---
note
★ 東京女子師範学校附属幼稚園規則（1877年）第一条　幼稚園開設ノ主旨ハ学齢未満ノ小児ヲシテ，天賦ノ知覚ヲ開達シ，固有ノ心思ヲ啓発シ身体ノ健全ヲ滋補シ交際ノ情誼ヲ暁知シ善良ノ言行ヲ慣熟セシムルニ在リ。

「富家の子」しか入れない幼稚園に対して、「貧民力役者等の児童★」を対象とする別種の幼稚園がありうるとし、そのような簡易幼稚園の設置を勧めました。その構想は、幼稚園の公的な重要性を認識するとともに、幼児教育を国家主義の教育体制に組み込む側面ももっていました。実際に簡易幼稚園のモデルとして設置された女子高等師範学校附属幼稚園の分室は、従来の啓蒙主義的な「知識学校」としての幼稚園ではなく、国家主義的な「道徳学校」としての幼稚園としての特徴を帯びていたといいます。★

　幼稚園の法的な整備は、簡易幼稚園よりも普通幼稚園を標準とする形で推進されました。1899年の「幼稚園保育及設備規程」では、満3歳から就学前の子どもを保育すること、保育時間が1日5時間以内であること、遊戯、唱歌、談話、手技の4項目で保育を行うことなどが定められます。★保育項目以外は普通幼稚園の制度が踏襲されたことによって、日本の幼稚園は、主に中・上流層の子どものための幼児教育機関として、保護の機能を欠いて普及したといえます。その後幼稚園は私立を中心に発展します。1899年の時点では全229園中私立は56園ですが、1909年には全443園中私立が234園と国公立を数で上回ります。市町村の財政は小学校の拡充に向けられ、公立幼稚園を発展させる余裕はありませんでした。

　1926年には幼稚園の単独の法律である**幼稚園令**とその施行規則が制定されます。幼稚園の目的は、心身を健全に発達させ、善良な性質を育て、家庭教育を補うことに求められました。★幼稚園令の特徴は、1899年の幼稚園保育及設備規程を引き継ぎつつも、満3歳未満の幼児の入園や保育時数の延長を認め、幼稚園の社会的な機能の拡張を企図した点にあります。ただし託児所の保姆に幼稚園保姆の資格（⇨第**4**章）が認められず、実質的な幼稚園振興策がとられなかったことから、託児所としての機能をもつ幼稚園は普及しませんでした。

　第二次世界大戦後、幼稚園は学校教育法（1947年）で規定され、学校教育の

――――――――――――――――――――――――――――――――― note

★　貧困な、肉体労働者の家庭の子ども。
★　簡易な幼稚園の設置を後押ししたのは、1884年の学齢未満児の入学禁止でした。その前年には11万6000人の未満児が学校に通っていたのに対し、幼稚園に通っていた子どもはわずか554人でした。
★　翌1900年に第三次小学校令が制定され、幼稚園保育及設備規程の内容は小学校令施行規則に含まれます。
★　第一条　幼稚園ハ幼児ヲ保育シテ其ノ心身ヲ健全ニ発達セシメ善良ナル性情ヲ涵養シ家庭教育ヲ補フヲ以テ目的トス。

体系に組み込まれることになります。その目的は第77条で「幼児を保育し，適当な環境を与えて，その心身の発達を助長する」と表現されました。義務制が実施されなかったことから，幼稚園教育が普及していくのは1950年代以降のことになります。また地域によりますが，公立よりも私立が多くを占める形で増加していきました。戦後の幼稚園が出発した時点で7％程度であった就園率（小学校第1学年児童数に対する幼稚園修了者数の比率）は，1970年代後半の約65％をピークとして80年代以降は次第に低下し，近年は保育園に通う子どもの割合が高まっています。

保育園（保育所・託児所）

保育所★としての機能をもつ施設は，明治末に慈善事業として出発しました。早い時期の保育園として著名なのは二葉幼稚園（後に二葉保育園）です。1900年，東京市麹町区に，華族女学校幼稚園（後の学習院幼稚園）の教師をしていた野口幽香と森島峰によって設立されました。野口と森島は，「蝶よ花よと大切に育てられている子ども」がいる一方で，「道端に捨てられている子ども」があることを見過ごすことができず，貧困層の子どもの保護（⇨第6章）と親の就労支援を目的とする幼稚園を設置するにいたります。その子ども保護の思想には，キリスト者の慈善事業としての側面と社会防衛★の思想がありました（⇨第6章）。二葉幼稚園では，通常の幼稚園と同じように遊戯，唱歌，談話，手技の保育4項目による保育が行われたほか，キリスト教による宗教教育，入浴を含む保健衛生の指導が行われました。このような民間の篤志家や宗教者による慈善事業としての保育事業は，日露戦争後に拡大していきます。

先に見たように，幼稚園は1899年の幼稚園保育及設備規程によって制度化されます。他方，慈善事業として展開された子ども保護事業は，日露戦争（1904～05年）後に感化救済事業として国によって組織され，内務省から補助

---
note
★ 保育所が制度化されるのは第二次世界大戦後です。戦前については，幼稚園，保育園，託児所など，保育所の機能をもつ施設を扱います。
★ 二葉幼稚園の設立趣意書は，十分に保護されない子どもが「将来罪悪に陥り，社会の進歩と国家の秩序とを害する」ことを危惧しています。
★ この時期に創設された保育園には，大阪の愛染橋保育所（1909年），東京の玉姫託児所（1912年），東京の桜楓会託児所（1913年）などがあります。

金が出るようになります。このような制度面での整備は，学校教育としての幼稚園と，救済ないしは保護事業としての保育園の線引きを強化しました。二葉幼稚園は1916年に二葉保育園の名称に変更され，文部省所轄の教育事業から内務省所轄の救済事業へと転換します。幼稚園は満3歳以上就学年齢までの子どもを対象としていましたが，二葉幼稚園では規定に違反せざるをえない状況があったからです。

最初の公立託児所は，1918年の米騒動を受けて，都市のスラムに設置されました。その保育事業は，貧困の予防による治安維持政策として開始されたといえます。早朝から夕方までを受託時間として長時間の保育が行われました。昭和初期には労働者のための保育園の設置が拡大しています。都市部の工場地帯では，セツルメント運動★の一環として託児所事業が行われ，協働や連帯を目指す保育が展開されました。農村では1930年代に，農繁期に一時的に子どもを預かる農繁期託児所（季節託児所）の設置が増加します。

戦前の保育園は制度化されていません。幼稚園令への位置づけや，「託児所令」「保育所令」の制定が模索されましたが，いずれも実現しませんでした★。保育園が「保育所」として制度化されるのは，第二次世界大戦後，1947年に制定された**児童福祉法**においてです。児童福祉の概念は，慈善事業や社会事業と異なり，要保護児童★だけではなくすべての子どもを対象としています★。保育所についても，市町村の義務としては「保育に欠ける」子どもの入所措置が規定されましたが，保育所の目的としては対象となる子どもを限定せずに「日々保護者の委託を受けて，その乳児又は幼児を保育する」と規定されました。ところが1951年の児童福祉法改正で「保育に欠ける」子どもを対象とすることが記され，61年にはその基準の明確化が図られています。

保育所も幼稚園と同様に1950年代から急激に増加します。保育所の場合は，

―――― note

★　貧しい地域に入り，その生活の改善を図る社会事業。

★　社会事業法（1938年）において，私設社会事業の届け出と補助が制度化された際に，「託児所」の名称の児童保護施設として法的に位置づけられています。

★　保護者のない児童または保護者に監護させることが不適当であると認められる児童をいう（児童福祉法第6条の3第8項）。

★　児童福祉法第1条　すべて国民は，児童が心身ともに健やかに生まれ，且つ，育成されるよう努めなければならない。
　2　すべて児童は，ひとしくその生活を保障され，愛護されなければならない。

当初は私立の設置が先行しましたが，1950年代半ばにほぼ同数となり，その後は公立が私立の数を上回る形で設置されました。1960年代末には保育所に半年以上在籍した子どもが30％を超え，幼稚園の約50％とあわせて大多数の子どもが保育を経験して小学校に入学する状況が成立します。その後，出産しても就労を継続する女性が増え，2015年現在，4，5歳児の保育所在所率は40％を超えています。

幼保一元化の課題

幼稚園は中・上流の子どもの教育機関として，保育園は劣悪な環境に置かれた子どもを保護しその親の労働を可能にする慈善施設として成立しました。そのため幼稚園と保育所の施設，運営，所管を一元化する**幼保一元化**は，教育の機会均等，平等，公正とかかわって要請される課題となってきました。

もっとも早い時期の一元化の構想は，1926年の幼稚園令の制定を受け，その改正と「託児所令」を要望するなかで示されています。3歳以上の子どもの保育を幼稚園に，3歳未満の子どもの保育を託児所に統合するという提案は，保育において保護と教育を結合しなければならないとの考えに基づいていました。1938年には教育審議会で幼稚園についての答申が行われ，それを受けて保育問題研究会（⇨第6章）が，5歳児の教育の義務化を含む「国民幼稚園要綱試案」（1941年）を示しています。この幼児教育を義務化する案は，第二次世界大戦後の教育刷新委員会の議論へと引き継がれましたが，幼稚園と保育園に通う5歳児がそれぞれ1割に満たなかったこと，6・3制の義務教育の実施が優先されたことから実現しませんでした。

幼稚園と保育所の二元体制は，幼稚園が学校教育法（1947年），保育所が児童福祉法（1947年）で規定されたことによって制度的に定着します。その差異は次第に強調されていきます。1948年の「保育要領」は幼稚園と保育所の双方を視野に入れていましたが，1956年の「幼稚園教育要領」は幼稚園の教育課程として作成され，1965年には保育所保育のガイドラインとして「保育所保育指針」が出されます。また文部省と厚生省の共同通知「幼稚園と保育所との関係について」（1963年）は，幼児の保育と教育が分けられないことを確認しながらも，「学校教育」を行う幼稚園と「保育」を行う保育所は「明らかに

機能を異にする」と述べました。ただしもう一方で，地域によって幼稚園と保育所の普及の状況は異なり，幼稚園と保育所が相互に補完し合っていた事実もあります。

1960年代後半から70年代には，地方自治体で幼保一元化の試みが推進されています。兵庫県神戸市に1969年に開設された北須磨保育センターは，短時間部（幼稚園）と長時間部（保育園）を一体化方式で運営する生活協同組合立の就学前保育・教育施設です。大阪府交野市では，幼稚園と保育所を「幼児園」として同一敷地内に建築し，午前中は幼稚園児と保育所児が共に生活する方式を採用しました。幼児園創設の背景には，同じ地域の子どもは共に育つべきであり，「公平な教育と保護の場を保障」すべきであるとの考えがありました。

第二次世界大戦後，保育所は女性の就業を支援する施設としての機能を強めてきました。子どもを出産しても働き続ける女性が増加した現在，幼稚園と保育所に通う子どもに明白な階層差は見出されなくなっています。また2006年からは幼稚園と保育所の双方の機能をもつ**認定こども園**が制度化されました（⇨第**8**章）。しかし現在でも従来の幼稚園，保育所が大多数を占めており，地域の子どもが一緒に保育され教育されることが望ましいと考えるなら，幼保一元化は重要な課題であり続けています。

現在，幼児教育の重要性の認識が高まり，保育制度は大きな転換点を迎えています。2006年の教育基本法の改正では，「幼児期の教育」を冠する新たな条文★が設けられ，国と地方公共団体が幼児教育の充実と振興について条件整備に努めるべきことが規定されました。また同じ改正で，義務教育の規定の「九年の」という文言が削除されて期間の延長が可能になり，5歳児の教育の義務化や無償化が検討されています。経済学の視点からは，質の高い幼児教育が格差の是正に寄与すること，幼児教育の投資効果が高いことが指摘されました（ヘックマン，2015）。2015年からは子ども・子育て新制度がスタートし，保育の量の充実と質の向上が図られています。★

――――――――――――――――――――――――――――――― note

★ 教育基本法第11条 幼児期の教育は，生涯にわたる人格形成の基礎を培う重要なものであることにかんがみ，国及び地方公共団体は，幼児の健やかな成長に資する良好な環境の整備その他適当な方法によって，その振興に努めなければならない。

★ 児童福祉法の「保育に欠ける」の文言が「保育を必要とする」へと変更されました。

POINT

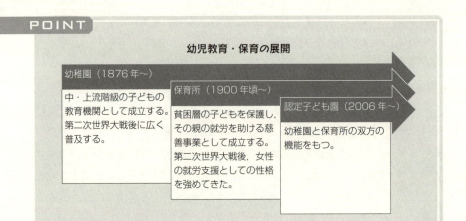

3 教育の方法とその改革

> QUESTION
> 小学校の授業の風景と,幼稚園・保育所の保育の風景は大きく異なっています。どのように異なっているか,なぜ異なっているか,そのことによって子どもの経験はどう違うか考えてみましょう。

一斉授業の導入

　近代学校の教育は**一斉授業**の導入によって特徴づけられています。1人の教師が大勢の子どもに同じ知識を伝達する一斉授業の様式は,教育の量的な拡大を可能にするものでした。

　一斉授業は学びの風景を大きく変えました。1872年に開設された師範学校では,教師としてアメリカ人のM.M.スコットを招き,畳をはがして机と椅子を設置し,アメリカから取り寄せた教具を用いて,模擬授業による一斉授業の様式の伝達が行われました。師範学校が出版した教授法の解説書には,子どもたちが教師と対面して整然と並んでいる挿絵が収録されています(**図5.1**)。寺子屋では個別学習が基本であったため,一斉授業の具体的な説明が必要だった

CHART 図 5.1　一斉授業の図

(出所)　田中・諸葛閑, 1873。

からです。一斉授業の様式は, 全国に設置された師範学校を通じて普及しました。

　授業のさらなる定型化は, 1900 年前後にかけて進展します。一方では「小学校教則大綱」(1891 年)や教科書の国定化 (1903 年) によって教育内容や教材が細かく規定されるようになります。もう一方では, ヘルバルト派の教授理論の導入によって授業の流れ★が定式化されます。

　初期の幼稚園では, 恩物★と呼ばれる教具を中心に, 机で課題を行う一斉保育が行われました (図 5.2)。このような保育のあり方は, 後に, 恩物主義として批判されることになります。東京女子師範学校附属幼稚園の保育課目には, 1881 年の幼稚園規則改正によって「読み方」「書き方」が加えられましたが, 1891 年に幼稚園にはふさわしくないとの理由で「数え方」とともに科目から削除されています。幼稚園では, 小学校とは異なる教育が模索されることとなりました。

――――――――――――――――――――――――――――――― note
★　「予備―提示―比較―統括―応用」の 5 段階教授法が普及し, 「導入―展開―まとめ」の流れが定着します。
★　恩物はフレーベル (⇨第 1 章) が考案した教具の体系です。全部で 20 あり, 毛糸の球, 木片, 板, 棒, 豆と竹ひご等を操作して形や模様をつくります。

CHART 図 5.2 恩物の図

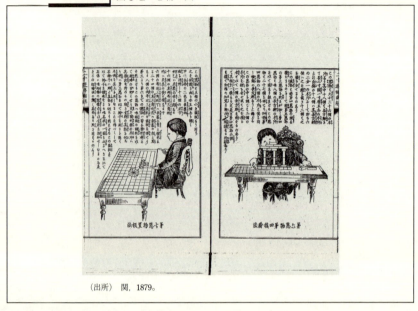

(出所) 関, 1879。

新教育の試み

　19世紀末から20世紀初頭にかけて，**新教育**と呼ばれる国際的な教育改革の試みが興隆します。日本の小学校では，1900年前後から，子どもの自発的な活動や自学の重視が主張されました。幼児教育においても，恩物主義が批判され，子どもの活動を重視した保育が提唱されています。★

　教育改革は1910年代に本格化します。教育改革を志向して創設された私立の実験学校や各地の師範学校の附属小学校において，さまざまな教育実験が展開されました。★その背景には，国民国家を担う中堅層の育成への要請がありました。新教育の理念や試みは多様ですが，従来の一斉授業の様式を画一的であ

note
★ 早い時期に新教育を提唱した本に，樋口勘次郎『統合主義新教授法』（1899年）,谷本富『新教育講義』（1906年），東基吉『幼稚園保育法』（1904年）などがあります。
★ 主要な実験を行った小学校として以下のような学校があります。奈良女子高等師範学校附属小学校（1911年に開校し真田幸憲主事のもとで「分団教授」を試みる。1919年に木下竹次が着任し「学習法」「合科学習」に取り組む）・千葉師範附属小学校（1919年に着任した主事の手塚岸衛を中心に「自由教育」を推進する）・私立成城小学校（澤柳政太郎によって1917年に設立される。1922年頃からドルトン・プランを導入）・私立池袋児童の村小学校（教育の世紀社が母体となって1924年に設立される。野村芳兵衛を中心に実践を展開する）。

るとして批判した点で共通しています。多くの学校や教師が，子どもの自発性や活動性を求め，自由や自治を主張し，画一打破と個性尊重を掲げました。

　特徴的なのは，個性の能力主義的な理解によって，進度別のグループ編制が導入され学習の個別化が進められた点です。奈良女子高等師範学校附属小学校では真田幸憲主事のもとで，「分団教授」と呼ばれる能力別・進度別の学習指導が導入されました。真田は，近代学校を特徴づける「学級共同教育」について，「優者」は足踏みし「劣者」は得るものがないと述べ，優劣で分けた小集団に異なる作業を課す「分団教授」を提唱しています（真田，1918）。教科も教材も個人が選択する個別学習の時間も，多くの学校で設定されました。代表的な私立の実験学校である成城小学校では，ヘレン・パーカーストの提唱する「ドルトン・プラン」を導入し，「アサインメント」と呼ばれる進度表による個別学習が推進されました。

　このように新教育の教育改革は学習の個別化を主流としていましたが，ともに学ぶ意義もまた見出されています。ドルトン・プランの紹介者である赤井米吉は，学校では互いに競うのではなく互いに助け合うことに意義があるとし，協同で研究すること，他人の問題に興味をもつことが必要だと述べています（赤井，1924）。真田の後に奈良女高師附小の主事となった木下竹二は，相互学習によって研究が深まり社会性が養われる，立憲国国民に「協同的活動」は必要であるとの理由から，能力別の分団を否定して相互学習を支持しました（木下，1923）。池袋児童の村小学校では，野村芳兵衛が「独自学習」「相互学習」「講座」による時間割を構想し，相互学習の意義を「お互いの個性を味わい，協力して人生を全うする」と表現しています（野村，1926）。

　幼児教育における教育改革では，プロジェクト・メソッドの導入が行われています。アメリカの教育学者であるキルパトリックは，「為すことによって学ぶ」と表現される経験主義的な教育方法を，プロジェクト・メソッドとして定式化しました。幼児教育においては，パティ・ヒルらがキルパトリックの教育原理を参照してコンダクト・カリキュラムを開発し，社会的態度や習慣の形成を目的とする教育を行いました。このコンダクト・カリキュラムは日本の幼稚園に影響を与えています。幼小連携を試みた明石女子師範学校附属小学校と幼稚園では，1930年代にコンダクト・カリキュラムを導入し，「電車ごっこ」な

どの実践を行っています。東京女子高等師範学校附属幼稚園でも，人形の家をつくる，お店屋さんごっこを行うといった活動が行われ，主事の倉橋惣三によって「誘導保育」として概念化されました。

戦後の教育改革

第二次世界大戦後は**民主主義**の教育の樹立を目指して，戦後新教育と呼ばれる教育の改革が推進されました。1947年の学習指導要領には「試案」と明記され，それぞれの学校や地域で教師によるカリキュラム創造の試みが展開されます。子どもの生活や興味に即して学習を展開する「生活単元学習」や「問題解決学習」が模索され，低学年の社会科や幼稚園では郵便ごっこや電車ごっこなどの「ごっこ学習」「ごっこ遊び」が広く行われました。その試みは，体験主義的で反知性主義的な性格が批判されたこと，1958年に学習指導要領に法的拘束力が付与されたことによって，短期間で勢いを失っています。

幼児教育においても1950年代の末に転機が訪れています。1948年の保育要領が保育内容として具体的な活動を表現する12項目★を挙げたのに対し，1956年の幼稚園教育要領では，小学校教育との一貫性を意識した「健康」「社会」「自然」「言語」「音楽リズム」「絵画製作」の6領域が設定されました。そのことによって小学校の教科指導のような指導計画が普及します。1964年の幼稚園教育要領の改訂では総合的な経験や活動の重要性が打ち出されましたが，6領域がそのまま引き継がれたため抜本的な改革には至りませんでした。

1960年代にはスプートニク・ショック★を受けて，学習指導要領においても民間教育研究運動においても教育の現代化が推進されました。具体的には，理数系を中心に最新の研究成果を導入した系統的な教育課程が作成されるとともに，教育方法や教育研究の科学化が企図されました。教育の現代化は幼児教育にも及び，ピアジェやブルーナーの理論に依拠しつつ，数量やかな文字の教育が試みられています。

---

note

★ 見学，リズム，休息，自由遊び，音楽，お話，絵画，製作，自然観察，ごっこ遊び・劇遊び・人形芝居，健康，年中行事。

★ 1957年にソ連の人工衛星スプートニクの打ち上げが成功し当時の西側諸国は宇宙開発で遅れをとったことへの危機感をもちます。そこで理数系の教育に学問の成果を導入して高度化を推進しました。

そのような高度経済成長期のカリキュラムは，1970年代後半になると過密であるとして批判されることになります。「ゆとり」をキーワードとする教育改革が推進され，学習内容の削減や学校の自由裁量による「ゆとりの時間」の設定が行われました。1989年の学習指導要領の改訂では，知識の教育から思考力や表現力を育成する教育への転換がうたわれます。個性や多様性を重視するその改革は，画一的な教育からの転換を志向する半面で，教育を通して文化的・経済的な格差を拡大する面もありました。なおこの改訂では，幼児教育と小学校教育の接続を期し，低学年の子どもの心身の発達に即した指導を行う科目として生活科が新設されています。同年の幼稚園教育要領の改訂は幼児教育の大きな転換点となりました。それまでの6領域にかわって「健康」「人間関係」「環境」「言葉」「表現」の5領域が採用され，教育内容を組織した小学校の教科と領域は異なること，幼稚園教育は総合的な遊びを中心に「環境を通して」行うことが確認されます。

　2000年以降の教育改革は，グローバル化と知識基盤社会の進展のなかで，国際的に課題を共有しつつ推進されています。一方では，OECD（経済協力開発機構）の国際学習到達度調査（PISA）を背景に，学習内容の高度化と学習の協働化が図られています。他方では，文化的・経済的格差の拡大を背景に，教育と保育の福祉的機能が重視されています。すべての子どもの学びを保障しつつ，とりわけ困難な状況に置かれた子どもたちの学びを支えることが，現在の公教育の重要な課題になっています。

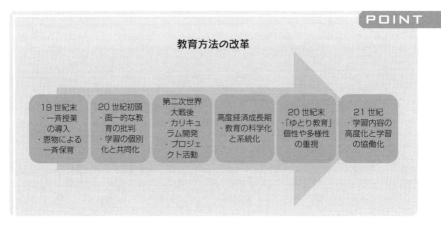

CHAPTER

第6章

子どもという存在
子どもはいかに発見されたか

WHITEBOARD

- ●子どもはどのようにして，大人とは異なる存在としてとらえられるようになったのだろう
- ●子どもを保護する仕組みはどのように成立してきたのだろう
- ●大人は子どもをどのような存在としてとらえ，描いてきたのだろう
- ●子どもの権利はどのように見出されてきたのだろう

KEYWORDS

孤児院　感化院　感化法　少年教護法　児童福祉法　少年法　児童研究　知能テスト　教育科学研究会　保育問題研究会　個性　生活綴方　童心主義　新中間層　児童の権利に関するジュネーブ宣言　児童の権利に関する宣言　児童憲章　子どもの権利条約　レッジョ・エミリア市の幼児教育

1 保護される子ども

子どもの救済と保護

　子どもとはどのような存在かと問われたとき，多くの人はまず，大人に比べて未熟で弱い存在である，大人によって保護され教育される必要のある存在であると答えるのではないでしょうか（教育される子どもの歴史については⇨第5章）。たしかに幼い子どもは，守り育てられなければ生存の危機にさらされる存在です。そしてそのことは，時代にかかわらず，普遍的に子どもを特徴づけているように思われます。

　とはいえ，子どもを保護するかどうか，誰がどのように保護するか，何歳までを子どもとして保護するかといったことは歴史的に変化しています。たとえば近世の社会では，家族の数を調整するために間引きや棄子が行われていました。それに対して近代以降は，子どもを遺棄することが犯罪として罰せられるようになります。そして家庭のない子どもや家庭の機能していない子どもは保護を受けるようになります。このような子ども保護の制度や心性の変化は，いつどのように起きたのでしょうか。

　明治期の日本において，最初に子どもの保護が政策化されるのは，棄子養育米給与方（1871年）においてです。棄子の養育を引き受けた者に米を支給するこの施策は，近世の里親方式の救済を引き継ぐものでした。★1874年には恤救規則が公布され，障害者，老者，病者等とともに，13歳以下の子どもの救済が規定されます。その内容も，国家の責任による近代的な救済というよりも，共同体的な相互扶助を原則とする伝統的な救済思想によっていました。また対象者を厳しく限定する制限救助主義をとっていたため，実際に救済された者は極めて少数でした。

　施設における子どもの保護は，1880年代に，民間に主導されて発展してい

---

note
★　ただし戸籍法（1871年）の制定で棄子の存在が浮き彫りになったことを背景に開始された点に，近代的な性格が指摘されています。

ます。宗教者や篤志家が，国家の発展や社会防衛を目的として掲げつつ，慈善事業として子ども保護を行いました。**孤児院**は1880年頃からキリスト者や仏教者によって設置されています。高知育児会（1883年）は堕胎や嬰児殺しの習慣の矯正を目的として創設されましたが，ここには近世に行われていた家族の成員調整の方法を否定する新たな感性を指摘できます。石井十次が岡山市の三友寺に設立した孤児教育会（1887年，後に岡山孤児院）は，「同胞兄弟の情」をもって孤児を救うというキリスト教の理念と，孤児を教育し「産を殖し業を興」す「国家の良民」を育てるという国民教育の理念を掲げました。不良少年や罪を犯した少年を保護する**感化院**も1880年代に誕生しています。池上雪枝が大阪の神道祈禱所で行った保護（1884年）を嚆矢として，宗教関係者や警察関係者によって感化院が設立されました。初期の著名な感化院に，キリスト者の留岡幸助が東京の巣鴨に開設した家庭学校（1899年）があります。留岡はその名称に家庭であり学校であるという理想を込め，生活単位である少人数の家族舎に男女の職員を配置して愛情による**感化**を目指しました。

　国や地方自治体が子ども保護に積極的に関与するのは日露戦争（1904年〜05年）後のことです。民間によって主導されてきた慈善事業が，国が責任をもつ感化救済事業として組織化されます。具体的には，1908年に，内務省による感化救済事業講習会が開始されます。この講習会を機に中央慈善協会が発足し，翌年から協会に組織された団体に内務省が補助金を出すようになりました。

　さらに1918年の米騒動以降，都市を中心として，治安維持のために防貧と救貧を目指す施策が推進されます。東京や大阪では公立の保育園が誕生しました（⇨第5章）。**方面委員**制度も同じ頃に各地で創設されます。方面委員とは，

---

note

★　仏教系の孤児院に東京の福田会育児院（1879年），京都の平安徳義会孤児院（1890年），キリスト教の思想に基づく孤児院に長崎の浦上養育院（1874年），神戸の神戸孤児院（1893年）などがあります。

★　感化法（1900年）のもとでは感化院，少年教護法（1933年）のもとでは少年教護院，児童福祉法（1947年）のもとでは教護院の名称で，1998年4月に児童自立支援施設の名称になりました。

★　影響を与えて，考えや行動を変化させること。

★　方面委員の名称は，大阪で1918年に発足した制度に用いられ，全国に広まりました。似た制度に，岡山の済世顧問制度（1917年），東京の救済委員制度（1918年）があります。方面委員は後に救護法や母子保護法の補助機関として位置づけられます。また1936年の方面委員令で法制化されました。第二次世界大戦後，1946年に民生委員となり，1947年の児童福祉法によって児童委員を兼ねることになります。

1　保護される子ども

地方長官の委託を受けて，住民の生活状況調査と救済を無給で行う名誉職です。その職務には，棄児，貧児，虐待を受けている子ども等の保護救済や就学奨励が含まれています。方面委員に選ばれたのは，地域の中間層の住民でした。彼らは貧困者の家庭訪問を行い，その生活を指導することによって，下層家族を近代的な家庭へと再編する役割を果たしました。

1920年前後から，救済に代わって社会事業という名称が一般化します。1917年に内務省地方局に置かれた救護課は，1919年に社会課と改称され，翌年には社会局となりました。その背景にはフランスの社会連帯主義の導入があります。それは困窮者の救済を慈善に任せる経済的自由主義と，私有財産を否定する社会主義との対立を調停し，人々の相互扶助を制度として組織することを要請するものでした。日本の社会連帯主義については，制度面の弱さが指摘されていますが，その思想の影響下で救護法（1929年公布，1932年施行）が成立しています。救護法は公的扶助義務主義をとり，国の救貧の責任を明確化しました。★

子ども保護事業は，1920年代後半から30年代前半にかけて，「児童保護事業に関する体系」（1927年）に導かれつつ体系的に整備されています。その過程で子ども保護は，人道的な救済から科学的な予防へと転換しました。1933年には，子どもの不良化の防止と早期発見を期して，**感化法を改正した少年教護法**が成立します。また同じ年に児童虐待防止法が成立し，保護者による子どもの虐待と，過酷な労働における子どもの使用が禁止されています。戦時下の子ども保護事業は，1938年に設置された厚生省のもとで，保健事業を中心とする人口政策として展開されました。

戦後の子ども保護

第二次世界大戦は，両親や家を失った多くの子どもたちを残しました。子ども保護を強化することが必要だとの認識から，子ども保護を定めた**児童福祉法**

note
- ★ ただし救護法では，扶助を受ける国民の権利は認められていませんでした。生活保護を請求する権利は1946年に成立した生活保護法でも認められず，1950年の全面的な改正によって認められました。
- ★ 「児童保護事業に関する体系」は第4回社会事業調査会において決議されました。子どもを保護するケースは，妊産婦保護，乳幼児保護，病弱児保護，貧困児童保護，少年職業指導・労働保護，児童虐待防止，不良児童保護，異常児童保護の8項目で整理されています。

の制定が急がれ，1947年に公布されています。その成立過程では，保護を必要とする（障害・病気，貧困や虐待などの問題のある）子どもを対象とするのか，それともすべての子どもを対象にするのかという議論が行われました。結果的にすべての子どもを対象とする児童福祉法が成立しますが，実際には主として保護を必要とする子どもを対象に運用されてきたといわれています。なお児童福祉の理念を支えているのは，子どもの権利とその国や地方自治体による公的な保障です。

戦争孤児の増加は，もう一方で，施設保護の進展をもたらしました。戦後，民間の慈善家に主導されて，浮浪児や孤児を保護する児童施設が多く設立されます。それらの施設は，孤児や棄子が減少した1960年代から70年代にかけて，劣悪な家庭環境で育つ子ども，虐待を受けている子どもを対象とする施設に変容しました。その過程では子どもを家族や家庭から引き離すべきか否かが議論されています。子どもは家族，とりわけ母親のもとで育てられるべきだという考えは，母子関係の切断が発達の遅れや情緒の障害をもたらすとするホスピタリズム（施設病）の概念と結びつきました。しかし同時に，そのような障害が劣悪な家庭環境によってももたらされるということが主張されました。

家庭における養育と施設保護の葛藤は，現在の児童虐待問題に鮮明に現れています。児童虐待への対応は1990年代に大きく進展しました。民間の防止活動の拡大や子どもの権利条約（児童の権利に関する条約）の批准（1994年）が後押しとなり，2000年に児童虐待の防止等に関する法律（児童虐待防止法★）が成立しました。この法律では，虐待を受けたと思われる子どもを発見したときには児童相談所に通告すべきことが明確化され，家庭に介入する児童相談所の権限が強化されています。児童相談所による虐待の相談対応件数が大きく増加し★，その対応の形は親（保護者）の要請による支援から，親の監視と家庭への強制的な介入へと変化しました。このことによって一方で，親権の制限をともなう

---

note

★　児童虐待防止法では，身体的虐待，性的虐待，ネグレクト，心理的虐待の4種類によって虐待が定義されました。その定義は，子どもを生命の危機にさらす行為から不適切な養育までを含む幅広いものとなっています。

★　児童相談所による児童虐待の相談対応件数は，統計をとりはじめた1990年には1101件でしたが，2015年には103,260（速報値）件まで増加しています。ここには虐待の定義が拡大されたがゆえの増加も含まれています（http://www.mhlw.go.jp/stf/houdou/0000132381.html）。

子どもの救済が容易になりました。しかし子どもと親の関係を完全に断つケースは少なく，現場は子どもと親を強制的に分離しつつ親を支援するという困難な課題を担うことにもなりました。

子どもをどう保護するかという問いは，とりわけ1980年代以降,「児童家庭福祉」あるいは「子ども家庭福祉」の概念において探究されています。この「家庭」を含む概念は，施設における救済としての子ども保護よりも，すべての子どもが育つ場としての家庭の支援を強調します。また，最低限の生活を保障する「ウェルフェア」としての福祉から，人権の尊重や自己実現を図る「ウェルビーイング」としての福祉への転換を企図しています。すべての子どもの幸福が，どのような大人との関係において，どのように保障されうるかということが問われています。

処罰と保護

> **QUESTION**
> 子どもの犯罪や非行には，以下のように少年法が適用されます。それはなぜか考えてみてください。
> ・14歳未満：犯罪として扱いません。まずは児童相談所へ送致し，親を呼んで指導したり，児童自立支援施設に送られたりします。重大事件の場合，児童相談所から家庭裁判所に送ることもあります。
> ・14歳から19歳：警察・検察で取り調べを受け，事件は家庭裁判所に送致されます。少年院や児童自立支援施設に送られたり，保護観察を受けたりすることになります。重大事件は，大人と同じ刑事裁判にまわされ，有罪になると少年刑務所に入れられることもあります。

児童・少年法制は，子どもが大人と区別され，保護され教育される存在であることを象徴的に現しています。現行の**少年法**（1948年）の第1条には，「この法律は，少年の健全な育成を期し，非行のある少年に対して性格の矯正及び環境の調整に関する保護処分を行うとともに，少年の刑事事件について特別の措置を講ずることを目的とする」とあります。このように少年法は，少年の可塑★性に期待し，罪を犯した少年等に刑罰を与えるのではなく「保護処分」を行う

---
note
★ 子どもを，いまだ発達の途上にあり，よりよく変わる可能性をもった存在としてみなすことです。

という保護主義に特徴があります。

　少年法の原点は 1900 年に定められた感化法にあります。感化法は親権者や後見人のいない「不良少年」や程度の軽い「未成年犯罪者」を感化院に収容し，普通教育，実業教育，道徳教育を施すことを内容としています。その制定は，子どもが処罰の対象から保護と教育の対象になるという転換を示していました。★ 感化法の理念を成立させたのは，親子間の保護―依存関係を国家による処遇のモデルにするパレンス・パトリエ（国親）思想の子ども観です。その特徴は，「責任」と「保護」を二者択一でとらえ，子どもを保護されるべき存在としてとらえる点にあります。感化法成立の背景には，犯罪のおそれのある不良少年を教育することによって犯罪者を減少させるという社会防衛の企図がありました。

　1922 年には少年法が制定され，子どもを特別に処遇するための保護処分と少年審判所が成立します。少年法は保護を中核的な理念としながらも，少年の刑事責任を排除しない点で，感化法とは異なる立場にありました。★ 少年法の成立によって，未成年犯罪者は少年法，不良少年は感化法によって処遇されることになります。感化法は，教育と保護による予防を強調する形で改正されて少年教護法（1933 年）となり，第二次世界大戦後には児童福祉法へと統合されました。

　現行の少年法は，第二次世界大戦後の 1948 年に制定されました。その過程では，パレンス・パトリエ思想が再び導入され，子どもに刑事処分を下すのではなく保護更生のための処置を下すという保護主義優先の思想への切り替えが図られています。旧少年法からの重要な変更は，基本的人権の保障のために，行政機関であった少年審判所に代えて家庭裁判所が設置された点にあります。検察官先議★を廃止して，すべての事件を家庭裁判所に送致し，家庭裁判所が保護処分か刑事処分かを決定することになりました。また，少年法の適用年齢が，18 歳未満から 20 歳未満に引き上げられています。

──────────────────────────── note

★　それ以前の「懲治場」も主に未成年者の施設であり，教科教育や道徳教育などの教育的処遇が行われていましたが，監獄内に設置され懲戒的である点が問題とされました。

★　感化法の理念が教育と福祉によって特徴づけられた「児童福祉政策的保護」にあるとするなら，少年法の理念は保護と刑罰の 2 つの側面を併せもつ「刑事政策的保護」の理念にあると指摘されています。

★　旧少年法では，少年を刑事裁判所と少年審判所のいずれに送るか，検察官が決定していました。

1　保護される子ども　●　117

少年法については、未成年者による重大な犯罪が起きるたびに、厳罰化や適用年齢の引き下げが繰り返し議論となっています。少年法は単に罪を犯した少年等の処遇を決める制度であるばかりでなく、社会において子どもを子どもたらしめる装置、すなわち大人と子どもの境界を定め、その差異が何であるかを画定する装置として機能しています。

POINT

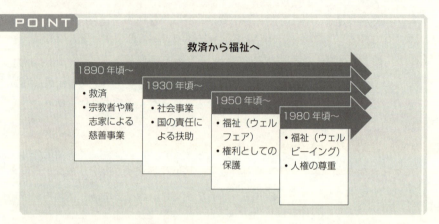

子どもへのまなざし

QUESTION
　あなたは子どもとはどのような存在だと思いますか。また子どもがどのような存在かを知るためには、どのようなアプローチがありうると思いますか。自由に考えてみてください。

科学的な子ども研究

　子どもは大人とは異なる存在であるという認識は、特別な子どもへの関心と、独特な子どもの表象をもたらしました。
　子どもを対象とする科学的な研究は19世紀後半に本格化します。その関心は2つあります。1つ目は、子どもを研究することによって人類の発生を明ら

> **CHART** 表 6.1　児童観察の記述の一例
>
> 　又芝の生じたる小山と小山との間に少し低くして且柴のなき所に木の枝，木の葉など落ち散りてありしかば，子供等魚釣りに行くなりとて，袖を結びすそかかげてさも水中に入るが如く，木の枝を持て木の葉を釣りあげ黒き色なるを黒鯛と称し，赤き色なるを赤鯛なりとも云い，巾の広きを比良目なりと云い，槙の葉は刺身なりとて拾い来り「ハイ黒鯛入リマセヌカ，比良目入リマセヌカ」とて売りあるきしに，他児之を求めて石上にて料理し「御馳走ヲ上ゲマショウ」とて遊べり。
>
> （出所）　中村，1898。

かにしようとするものです。2つ目は子どもへの実際的な関心です。欧米各国では学校教育の普及が進んでいましたが，子どもに関する知識はいまだ十分ではなく，教師たちは教育の手がかりとなる研究を熱望していました。

　日本で子どもを科学的に研究する努力が開始されたのは1900年頃です。アメリカの児童研究運動の影響を受けて『**児童研究**★』が創刊され，日本の子どもの特徴を明らかにし，教育の基礎を提供することが目指されました。児童研究は子どもの2つの見方をもたらしています。一方では，子どもの有している観念，物事に対する理解や感情，身体の発達等のさまざまなテーマについて，多くのデータを収集し，その数値化を通して子ども一般を理解することが目指されました。もう一方で，児童研究における児童観察の記述は，より素朴に子どもの活動とその意味を知ろうとするまなざしを含んでいました。たとえば児童研究の講義を受けた女子高等師範学校附属幼稚園の保育者は，**表6.1**のように，子どもの自由遊びの様子を「想像作用」の心的な過程として記述しています。

　児童研究が喚起した子どもへの関心は，児童心理学，発達心理学，教育測定として展開しました。初期の児童研究が子ども一般の特徴をとらえようとしたのに対して，20世紀初頭には効果的な教育のために子どもの個人差をとらえようとする関心が顕著になります。**知能テスト**の開発と展開は，そのような個人差への関心を端的に表現するとともに，その危うさを垣間見せています。最初の知能テストは1905年に，フランスの心理学者ビネーと精神科医のシモン

──────────────────────────── note
★　伝記的な子ども研究の方法を確立したプライヤー，遺伝や知能測定の研究を行ったゴールトン，アメリカの児童研究運動を主導したホールらは，みなダーウィンの進化論やヘッケルの発生反復説の影響を受けています。

★　日本で最初の心理学者である元良勇次郎の教えを受けた高島平三郎，松本孝次郎，塚原政次によって1898年に創刊されました。

によって開発されます（ビネー─シモン法）。その目的は，怠業による学力不振と先天的な知的能力の欠如による学力不振を区別し，後者に特別な教育を施すことにありました。しかし1908年の改訂で発達の尺度として「精神年齢」の概念が示され，知能テストが「正常児」に適用されるようになります。さらにアメリカで，知能テストに「知能指数（IQ）★」の概念が導入され，子どもの能力の測定が本格化します。「精神年齢」が発達の水準を示す概念であるのに対して，「知能指数」は知能を予測するものとして，すなわち生得的な能力を表現するものとしてとらえられました。★アメリカでは知能テストが優生学や人種主義と結びついて差別的に機能することとなります。★

　知能テストは日本でも一定の影響力をもちました。最初にビネー法が紹介されたのは1908年，日本の子どもに即した本格的な標準化は1919年に行われています。日本で知能テストが一般化したのは第二次世界大戦後です。1970年代には，小・中学校で知能テストが行われたのみならず，幼稚園入園から就職試験にいたるまで幅広く知能テストが用いられていたといいます。

　子ども研究の異なる展開の萌芽は，社会的・歴史的な存在として子どもをとらえ，子ども問題の実践的な解決を目指した1930年代の児童学の試みに指摘できます。心理学者の城戸幡太郎を中心に結成された児童学研究会は，従来の児童研究における個性調査や知能検査を，子どもを周囲の文化や環境から切り離し静的にとらえようとしている点で批判しました。そして子どもの発達を，文化の発展や歴史性のなかで，とりわけ教育との関係において実践的にとらえるべきだと主張しました。一例を挙げると，「労働者階級」の子どもの知能の水準は「中間階級」の子どもよりも劣ること，しかしその差は幼稚園教育を受けるか否かによる差より小さく，適切な幼児教育によって補償しうることを示す研究が行われています。

　城戸らによる児童学の試みは，**教育科学研究会**や**保育問題研究会**を通して教育実践と具体的なかかわりをもっていました。保育問題研究会では，保育者に

---

note

- ★　1916年に，アメリカの心理学者ターマンによって「知能指数」の概念が導入されました。
- ★　そのような概念化に理論的な基盤を与えたのはイギリスの心理学者スピアマンが導き出した「一般知能（g因子）」です。「一般知能」は固定した単一の知能を想定するものです。
- ★　アメリカ陸軍では新兵に知能テストを行って人員配置を決めていました。その生得的知能には人種によって差があるという説が参照されて，人種によって移民を制限する法（1924年）が成立しています。

よって見出された保育の問題を,保育者と研究者の協力によって解決し,その理論的基礎を築くという方針を打ち立てています。第二次世界大戦後,城戸の教え子の心理学者である乾孝らを中心に再建された保育問題研究会は,子どもの発達を歴史的かつ価値的にとらえるという視点を継承しつつ,実践者と研究者の協働によって保育と心理学の相互的な研究を目指します。その成果は「伝え合い保育★」の思想へと結実し,保育とその研究の展開を支えてきました。

子どもの個性と固有名の子ども

子どもの**個性**への関心は,教育のあり方を変容させています。日本では1910年代から20年代にかけて,師範学校の附属小学校と私立の実験学校を中心に新教育の教育改革が推進されました(⇨第5章)。その際に主要な標語の1つとなったのは「個性尊重」です。

重要なのは個性の概念の多様性です。多くの場合,個性という言葉は,能力や到達度における個人差を意味していました。一斉授業が画一的であるとの批判は,能力が異なる子どもたちを同じように教育しているという点に向けられ,個別学習の時間の設置や進度別のグループの導入が試みられました。私立成城小学校では,入学前の個性調査を,児童(性格,身体,経歴など),親(職業,年齢など),家族(数,兄弟など)について行い,入学時から能力別学級編制を試みています。

子どもの個性の発見は異なる位相でも起きています。自由と個性尊重の主張を徹底させた私立池袋児童の村小学校では,固有名の子どもが見出されます。野村芳兵衛をはじめとする同校の教師たちは,自らの教師としてのアイデンティティの模索を「私」という一人称の語りにおいて表現しました。その語りに固有名の子どもが登場し,「私」と子どもの経験を物語の形で記述する実践記録の様式が成立しています(**表6.2**)。子どもを固有の存在としてとらえる実践記録の様式は,1930年代に**生活綴方教育**★に従事する公立小学校の教師たちに広がりました。その実践記録では,一方では大人とは異なる「野性」をもつ

―――――――――――――――――――――――――――――note
★ 集団における対話を通して,認識の深化と主体の変革を目指す保育です。
★ 生活綴方教育では,子どもが日常生活を綴ることを通して科学的認識を獲得し,生活や社会を変革する主体となることが目指されました。

| CHART | 表 6.2 実践記録の一例 |

> 「先生！」呼ばれて，私はペンを持ったまま，机から眼をはなした。そこには充ちゃんが小さい手に何かをのっけてニコニコしていた。私は見た。可愛いいものを見た。それは粘土で造られた丸い壺に青々した胡頽子が一枝さされてある。葉の繁みの中に粘土で造った鳥の巣がある。巣をのぞいて見ると，雛が三羽大きい口をあいてチコチコ鳴いているようだ。今親鳥が蟲を銜えてきて，巣のふちにとまったところらしい。私は充ちゃんをみて笑った。「かわいいね」私がそう云うと，充ちゃんもニコニコした。充ちゃんはそれを持って去ろうとした。「ああ，ぐみもなっているんだね」赤い実が一つ小枝から，さがってゆれているのを私はとても美しいと思った。そういうところに充ちゃんらしい心使いを見ることが出来たから。

（出所）野村，1925。

子どもの姿が，もう一方では大人とともに社会を生き，時代を生きる子どもの姿が見出されています。生活綴方の教師たちは教育科学研究会に参加し教育実践の探究を行いましたが，第二次世界大戦が激化するなかで弾圧を受けることとなります。その後生活綴方教育と実践記録の様式は，1950年代に復興し広く普及しました。

幼児教育における固有名の子どもの発見は，東京女子高等師範学校附属幼稚園主事の倉橋惣三の論考に表現されています。倉橋は，教師の感性を鈍らせる要因を，子どもを集団として見ることに慣れ，「一人を一人として注意し，洞察し，憂慮する」ことが足りないという点にあると指摘しました。そして教育者が扱うのは「幼児なるもの」ではなく「太郎である。花子である」と述べました。倉橋はこのような固有名で表現される存在を，「個性」とは区別し，「個人性」という言葉で表現しています。

童心主義と新中間層

20世紀前半には，子どもを大人とは異なる価値を帯びた存在，純真無垢な存在としてとらえる**童心主義**が普及しています。1910年代から20年代は，近代化と資本主義が進展するなかで，生活の困窮，劣悪な労働環境，都市の環境問題といった社会問題が顕著になった時代です。純真無垢な子どもこそが理想的な人間のあり方を体現しているとする考えは，そのような近代社会のあり方を批判するユートピア思想としての一面をもっていました。

童心主義は近代的な児童文学とともに成立し普及しています。大きな役割を果たしたのは，鈴木三重吉によって創刊された子ども向け雑誌『赤い鳥』

(1918-36年)です。その創刊号では「子供の純性を保全開発するため」の読み物を創作することが示されています。具体的には、お伽話と呼ばれる従来の読み物が下劣であると批判され、芸術性の高い童話を生み出すことが目指されました。また難解な歌詞をもつ従来の唱歌が批判され、北原白秋を中心に、子どものための歌曲である童謡が創作されました。『赤い鳥』の童話や童謡

図6.1 『赤い鳥』創刊号

に描かれた子どもは、従来の少年雑誌の強く元気に立身出世を目指す子どもという理想像とは対照的に、弱さや純粋さにおいて美化されていました。

『赤い鳥』の売り上げを支えたのは、1910年代から20年代にかけて形成され拡大しつつあった**新中間層**の親たちです。賃金労働者を中心とする新中間層は、自営農家や商工業者などの旧中間層と違って、生産手段をもっていません。その親は子どもによりよい教育や学歴を与えることによって、社会的・経済的な地位を保障しようとしました。また新中間層の家庭は、この時期に、従来の多産多死型から少産少子型へと転換しています。ここには子どもの健康に配慮するとともに、子どもの教育に強い関心を寄せる教育家族が成立しています。

童心主義の児童文学に対して批判を展開したのはプロレタリア児童文学です。その提唱者である槙本楠郎は、子どもを天真爛漫で純真無垢な存在とみなす童心主義の観念性を批判し、現実の子どもはいずれかの階級に属しており、児童文学から支配階級のものの見方を排除すべきであると主張しました。しかしプロレタリア児童文学もまた、子どもを階級闘争の闘士として教化しようとする観念性をもっていました。

童心主義の児童文学とプロレタリア児童文学は、異なる子ども像を描きながらも、子どもという存在に現在の社会への批判と未来の社会の理想を託してい

---------note

★ 『赤い鳥』から生まれた童話には、芥川龍之介の「蜘蛛の糸」、有島武郎の「一房の葡萄」、新美南吉の「ごん狐」など、現在でも読み継がれているものが多くあります。

★ プロレタリア児童文学の主張はプロレタリア文学運動から生まれました。その媒体となった雑誌『少年戦旗』は1925年に創刊され1931年に廃刊されています。

る点で共通しています。

POINT

子どもへの多様なまなざし

科学的な子ども研究	学校教育	文　学
・子ども一般への関心（児童観察） ・子どもの個人差への関心（知能テスト）	・能力別の学級編制 ・個性調査 ・実践記録における固有名の子ども	・童心主義の児童文学（純真無垢な子ども） ・プロレタリア児童文学（階級闘争の闘士）

3 市民としての子ども

QUESTION
子どもの権利を保障する教育とは，どのような教育でしょうか。これまで受けてきた教育の経験を他の人と共有しつつ考えてみましょう。

子どもの権利

　人間が人間らしく生きるための権利を人権といいます。人権は長い間，基本的には成人男性の権利としてとらえられてきました。子どもに独自の人権があるという考えが明確化されるのは20世紀になってからのことです。1900年にスウェーデンの女性教育者エレン・ケイ（1849-1926）が発表した『児童の世紀』は象徴的です。女性の母性と子どもの権利の擁護を主張するケイの思想は，世界中で読まれ，子どもの福祉や教育，そして女性解放運動に影響を与えました。

　子どもの権利に関する最初の国際的な文書は，1924年に国際連盟において

---
note
★　ケイの思想については，子どもの権利の主張が評価される半面で，優生主義との結びつきが批判されています。
★　国際連盟は，第一次世界大戦の経験から，1920年に発足した国際的な平和維持機構です。

> **Column ❹ 子ども期は消えたか？**
>
> 　ニール・ポストマンは『子どもはもういない』(1982, 翻訳 1985) と題された本で，映像メディア（テレビやコンピュータ）が子ども期を消滅させつつあると述べています。印刷術の普及は，読み書き能力の習得が必要とされる社会を成立させ，教育されるべき存在としての子どもを大人から切り分けました。それに対して子どもにもアクセス可能な映像メディアの成立は，大人と子どもの境界を融解させているといいます。ポストマンの議論の後，コンピュータや携帯電話の普及によって子どもをとりまくメディア状況はより複雑になっています。保護され教育される時期としての子ども期が完全に消滅することはないでしょうが，メディアのあり方の変化は，これまでとは異なる子ども期のあり方や大人と子どもの関係を成立させることでしょう。

採択された「**児童の権利に関するジュネーブ宣言（ジュネーブ宣言）**」です。イギリス人女性のエグランタイン・ジェブは，第一次世界大戦後に困難な状況に置かれた子どものために，支援団体セーブ・ザ・チルドレンを創設し，ジュネーブ宣言の草案を起草して国際連盟に採択を働きかけました。すなわちジュネーブ宣言は，戦争による子どもの苦境を受け，その権利の普遍的な認識のために生み出されました。その前文には「人類は子どもに最善のものを与える義務を負う」と記されています。具体的には，人種，国籍，信条にかかわらずすべての子どもに，身体的・精神的発達の諸手段，飢餓・病気・障害・非行・浮浪に際しての支援，危機に際しての救済，搾取からの保護，社会的な志向性をもつ養育を保障すべきことが示されました。ジュネーブ宣言の意義は，子どもの保護が権利という側面から議論されたことにあります。そのことによって子どもの保護は慈善事業から社会福祉へと転換しました。

　子どもの保護される権利の主張は，第二次世界大戦の反省から 1959 年に国際連合★が採択した「**児童の権利に関する宣言**」へと引き継がれています。そこには新たに，差別からの解放や教育を受ける権利が明確に規定されました。日本では 1946 年に成立した日本国憲法を受けて，1951 年に「**児童憲章**」★が定め

───note

★　国際連合は，国際連盟が第二次世界大戦を防ぐことができなかったことを反省し，1945 年に安全保障と国際協力のために設立された国際組織です。

られています。

　1989年の国連総会における「**子どもの権利条約**（児童の権利に関する条約）[★]」の採択は，新たな子ども像を成立させました。子どもの権利条約の特徴は，子どもを自らの権利を能動的に行使する行為者として認めた点にあります。保護の対象とされてきた子どもが，この条約によって，権利と参加の主体としてとらえられるようになったのです。またジュネーブ宣言や児童の権利に関する宣言が理念の表明であるのに対して，子どもの権利条約とその議定書は法律文書であり，批准した国には条項の実現が課せられました。日本は1994年に批准しています。

　子どもの権利条約は，子どもの「最善の利益」を中心に，「生きる権利」「守られる権利」「育つ権利」「参加する権利」を4つの柱として構成されています。[★]子どもの権利の実現のために，子ども期を成人期とは区別されたものとしてとらえ，子どもが成長し，学習し，遊び，発達できる期間を確保すべきことを述べるものです。子どもを能動的な主体としてとらえる文脈において重要なのは，参加する権利の中核にある「子どもの意見表明権」（第12条）です。「自己の意見を形成する能力のある子ども」が，その子どもに影響を及ぼすすべての事柄について，意見を自由に表明する権利を確保すべきであるということが定められています。そしてその意見は，子どもの年齢と成熟度に従って考慮されることになっています。

　子どもの意見表明権については，「自己の意見を形成する能力」が求められていることから，幼い子どもほど家族，コミュニティ，社会への参加者としての行為主体性が看過されがちであることが指摘されていました。その点について，一般的意見第7号「乳幼児期における子どもの権利」（2005年）は，乳幼児が理解，意思疎通，選択の能力をもたないとみなされ，家庭でも社会でも声

---

note

★　児童憲章の前文では「われらは，日本国憲法の精神にしたがい，児童に対する正しい観念を確立し，すべての児童の幸福をはかるために，この憲章を定める。児童は，人として尊ばれる。児童は，社会の一員として重んぜられる。児童は，よい環境の中で育てられる」とうたわれています。

★　子どもの権利条約は，1979年の国際児童年を機に，ポーランド政府が法的拘束力のある条約にすることを求めて国連人権委員会に草案を提出し，約10年にわたる作業部会での検討を経て採択に至りました。

★　4つの柱については，ユニセフ協会ホームページを参照（http://www.unicef.or.jp/about_unicef/about_rig.html）。

を奪われてきたことに警告を発しています。乳幼児は、話し言葉や書き言葉で意思疎通ができるようになる以前に、さまざまな方法で選択を行い、自分の気持ちや考え、望みを伝えています。子どもの参加の権利を保障するために必要とされるのは、大人が子どもの関心、理解、意思疎通の方途に即してその声に耳を傾けることです。なお、このような子どもの見方は、意見を表明する子どもの能力を単独でとらえるのではなく、大人や他者とのコミュニケーションのなかでとらえようとするものです。子どもを他者や環境に能動的にかかわりつつ知識を構成する主体としてとらえ、その能動性と能力を強調する社会的構成主義の発達理論（⇨第**3**章）と呼応しています。

レッジョ・エミリアの幼児教育

イタリアの**レッジョ・エミリア市の幼児教育**は、社会に参加する市民としての子どもという概念を力強く打ち立てています。そのあり方は、これからの子どもの教育や子どもと大人の関係がどのようでありうるかということに、多大な示唆を与えてくれます。

レッジョ・エミリア市の公立の幼児学校と乳児保育所では、イタリア語で「プロジェッタツィオーネ」と呼ばれる協働的な探究と、多様な媒介による表現の活動を中心とする質の高い幼児教育が行われています。その発展は力強く有能であるという新たな子どものイメージを選び獲得することによって導かれました。従来の子どものイメージは、何ができないかということや、そのことによってどのようなニーズをもっているかということで語られる傾向にありました。そもそもイタリア語の子ども（infant）は、「声がない」すなわち言葉をもたないということを意味しています。それに対してレッジョ・エミリアで採用されたのは、すべての子どもは力強く、豊かで、生まれたときから学ぶ意欲があり、想像力に満ちているという前提です。子どもは無知で未熟な存在ではなく、すでにそれぞれの世界の見方をもち、それを表現することができます。そして他者とのかかわりのなかで、自分の理論、解釈、疑問をもち、主人公として知識を構成しています。

重要なのは、そのような子どもの有能さが、「100の言葉」に耳を傾ける大人によって支えられている事実です。「100の言葉」はレッジョ・エミリアの

幼児教育を表現する象徴的なメタファーです。世界各地で開催された展覧会のタイトルであり，ローリス・マラグッツィ★(1920-1994)の詩「冗談じゃない。百のものはここにある」にも登場しています。話し言葉と書き言葉を特権化するならば，子どもはたしかにその使用について未熟さを抱えています。しかし大人が聴く耳をもち，アート表現のための環境が整えられるならば，子どもはしぐさ，表情，絵画，粘土，身体，音楽など豊かな「100の言葉」をもっています。大人が聴くことによって，子どもたちは知識を構成し，社会に参加する権利を保障されるのです。その聴くという大人の役割は，ドキュメンテーションと呼ばれる子どもの学びの過程の記録によって支えられています。子どもの言葉や表情や行動は，メモ，テープレコーダー，カメラ，ビデオカメラなどを用いて多元的に記録されます。教師やアトリエリスタ★は，それらの意味を解釈しカリキュラムをデザインします。

　市民としての子どもの教育は，市民を育てる教育とは異なります。レッジョ・エミリアの幼児教育は，子どもたちをすでに市民である存在として遇すること，とりわけ子どもたちの創造性に市民権を与えることを理念としています。子どもたちの学びは，子どもや親にとってのみならず，町や地域においても目に見えるものとなる必要があります。ここにおいて子ども期は，人生や世界への準備段階の1つではなく，すでに人生そのもの，世界そのものとなっています。

　子どもは大人とは異なる未熟さや弱さを特徴としています。大人も未熟さや弱さを抱えていますが，両者の関係は対称ではありません。子どもには保護と教育が必要です。しかし同時に，子どもは大人と同じように社会を生き，喜びや悲しみを感じ，世界とその知識を構成しています。教育を通して，あるいは他の施策を通して，大人と子どもがともに社会を創造する新たな関係が求められています。

note
- ★　教育主事としてレッジョ・エミリアの幼児教育を思想的・実践的にリードしました。
- ★　一園に一人，芸術の専門家を配置しています。

POINT

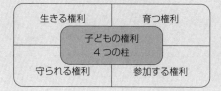

CHAPTER 1

第 7 章

子ども教育について考える
先人たちの知恵に学ぼう

ルソー　　　　モンテッソーリ　　　　デューイ

WHITEBOARD

- なぜ子どもは教育を受けるのだろうか
- あらゆる教育は平等だろうか
- 学校教育はどのように考えられているだろうか

KEYWORDS

ルソー　近代市民社会　ペスタロッチ　直観　政治参加主体　教育の保障と管理　教育機会の平等と不平等　パノプティコン　規律訓練　モニトリアル・システム　再生産論　フレイレ　デューイ　正統的周辺参加

子どもの教育内容や方法の背景には，教育というものは何のためにあるのか，どのような人間になることが望ましいのか，社会と教育との関係はどのようであるべきなのかという思想があります。それらはまとめて，教育思想と呼ばれます。

　本章では，そうした教育思想について学びます。教育思想を学ぶときに大切なことは，有名な教育思想家の名前と，思想の概略について学ぶだけでなく，今日の子どもの教育がどのような思想的な背景をもっているのかをおおまかにつかむこと，つまり教育に携わってきた人々が残してきた教育文化を受け継ぐことです。私たちが今日当たり前と思っていることは何なのかを把握し，どういうふうに物事を見直し，考え直さなければならないかを学びましょう。

1　すべての子どもに教育を

　現代社会を生きる私たちにとっては，子どもが保育園や幼稚園に行き，その後学校に行って学ぶという過程を経て大人になるのは，当たり前のことです。しかし，人が大人として生きていくためには，学校で学ぶだけで十分というわけではないことは，多くの人々が感じています。

　実は私たちが学校で学ぶということを通して大人になる準備をするようになったのは，そう遠い昔のことではありません。それが始まったのは，社会が近代化される時期です。社会が近代化される時期の特徴の1つに，領主や王，貴族といった特定の人々ではなく，さまざまな階層の人々が政治に参加するように，政治体制が変化したことが挙げられます。それにともなって教育は，すべての人間にとって必要であると考えられるようになり，またそれは政治に参加し，社会を構成するために，自分自身で考え，意見をもち，行動する能力を身につけるためであるという考え方が出てきました。現代の私たちの教育の基本的な理念も，こうした思想に大きな影響を受けているのです。

2 政治参加主体の養成

> **QUESTION**
> あなたは政治にどのようなイメージをもっていますか。自分が政治に参加するとはどういうことか，考えてみましょう。また，政治に参加することと教育を受けることはどう関係するか話し合ってみましょう。

　まずは，社会を構成し，政治に参加する能力を身につけるための教育というものについて考えてみましょう。**ルソー**★ (1712–1778) は，教育についての著書『エミール』(1762 年) のなかで，架空の存在の少年を家庭教師が育てる過程を描いています。『エミール』が書かれたのは，フランス革命前夜であり，支配階級と宗教組織が政治の行方を決定するそれまでの封建制を見直し，人々が生まれた家業や身分に甘んじて不平等な世の中を生きるのではなく，政治を人々の総意として動かすべきだという議論が巻き起こる最中でした。

　ルソーはそのなかで，少年エミールを自由に動き，自由に考える存在として大切にしながら育てようとします。当時キリスト教を基盤とした子ども観において，子どもというものは未発達で罪を犯すかもしれない存在であり，正しく育てるためには身体も心も矯正する必要があるとする考え方が主流でした。それに対してルソーは，子どもに「生きること」を教え，子どもは「自然」が与える試練を乗り越えることによって学ぶのだから，それに従うべきであるとしました (ルソー，1962)。そして，子どもが自分で推論したり実験を行ったりしながら，学ぶ筋道を描いています。ルソーは，人間が自由な意志と情熱をもち，それぞれが自分の意見をもって政治に参加するように育つことが，人々の一般意志としての政治が成立するために不可欠であると考えていたのです。これが

---
note

★　スイス・ジュネーヴに生まれ，フランスで活躍した思想家。自然状態から説き起こし，人間の本性としての自由意思，民主主義の成立としての社会契約，政治権力としての一般意志等の概念を示し，フランス革命にも影響を与えました。『社会契約論』(1762 年)，『人間不平等起源論』(1755 年) のほか『新エロイーズ』(1761 年) なども執筆。

> **Column ❺ ルソーの思想における政治と教育**
>
> 　ルソーは,『政治経済論』(1755年)のなかで,市民として政治参加する人間を育てる教育と,人間のもつ情熱や本性を生かすことを結びつけて論じています。「大人の市民をもつためには,子供のときから教育しなければならない。人々の上に立つ統治者はだれでも,人間の本性を離れて彼らのなしえない完成を求めてはならない。彼らの情熱を破壊しようと思ってはならない」とし,「情熱をまったくもたない人間はたしかにきわめて悪い市民であるだろう」と述べています。

ルソーの考えた**近代市民社会**の原理でした。

POINT

なぜ政治への参加が求められたのか

中世封建社会	➡	近代市民社会
(国王による絶対主義の政治)		(人々による民主主義の政治)
少数者への利益集中,不平等		全体の共通の利益をめざす

3　子どもという存在を尊重する

QUESTION
　子どもの教育はどうあるべきでしょうか。あなたが望ましいと思う教育のあり方と,その理由を話し合ってみましょう。

　そうした発想は,教育とは子どもがもって生まれた能力が発現するのを助けることであり,子どもが人格全体を発達させることであり,そのためには子どもの自由な意志や本性を尊重しなければならないという教育思想として,受け継がれることになりました。たとえば,**ペスタロッチ**(1746-1827)は,外から知識を教え込むのではなく,子どもが純粋に自由に物事をそのままとらえること(「**直観**」)を重視しました。子どものとらえた具体的なことから出発し,こ

れを無理なく自然に抽象的な思考(「概念」)に導くことが，ペスタロッチの考えた教育法でした。

　フレーベル★(1782-1852)は，子どもの育つ環境を植物が育つ庭園になぞらえ，幼稚園を「キンダーガルテン」(Kindergarten)と呼びました。

モンテッソーリ教具

フレーベルは，母親の自然な子どもへの対応が，実は子どもの発達や要求に適合しており，子どもの自然な成長に寄与しているのだということを前提としました。そして，子どもの発達要求や状態に合わせて環境や玩具を用意することで，子どもがそのなかで自然に遊び，学ぶ筋道としての教育を構想したのです。

　またモンテッソーリ★(1870-1952)は，子どもの発達段階に沿った刺激を与える科学的な教育を構想しました。医者であったモンテッソーリは，障害児教育の創始者であるセガンの影響を受けながら，より科学的で一般的な発達段階を見極め，教育理論として打ち立てようとしました。そして，その理論に基づき，子どもにはそれぞれの神経や筋肉の発達にふさわしい時期というものがあり，それに合わせて「仕事」をする教具を用意することで，子どもにとって無理のない発達を促すことになると考えました。

　日本に幼稚園教育が導入された際，フレーベルの幼児教育が取り入れられ，その後，恩物批判が展開されました(⇨第5章)。しかし，子どもを固有の論理

──────────note

★　ペスタロッチ：フランス革命後スイスの農村の混乱と貧困を目のあたりにし，ノイホフ，シュタンツ，イベルドンなどで貧しい子どもや孤児の教育にあたる。著書に『隠者の夕暮』(1780年)，『リーンハルトとゲルトルート』(1781-1787年)などがあります。

★　フレーベル：ドイツに生まれ，ペスタロッチに学んだ後に遊びを通して幼児の自然な発達を促す場として世界で初めて幼稚園を創設(1840年)した。遊びのための玩具として「恩物」も考案。『人間の教育』(1826年)を著しました。

★　モンテッソーリ：イタリアで医者として知的障害のある子どもの治療，教育に従事し，貧しい子どもを保育する「子どもの家」(ローマ)の監督にもあたりました。考案した教具(イラスト参照)により感覚を刺激し，知的な発達と生活の自立を促す教育法を確立しました。

によって生きる存在ととらえ，子どもを中心とした保育のあり方を模索するといった思想そのものは，ここまででふれた思想の流れのなかでとらえられます。たとえば倉橋惣三は，幼児の心理に基づいてその興味に即した材料を整え，子どもの生活を「誘導」し，より発展させていく保育を構想しました（倉橋，1933）（⇨第6章）。

こうした発想は，子どもとは大人と違う固有の生き方をし，その成長・発達を固有のものとして考え支えるべき対象であるという考え方を前提としています。そして，子どものための最善の教育方法について，また子どもの幸福について，専門的に考える流れは，今日まで教育の底流をなすものとなっています。20世紀にはエレン・ケイによる『児童の世紀』において表されたように，次第に社会的権利としての子どもの尊重という思想が発展し，子どもの権利論へとつながっていきます。つまり，政治参加のための能力の開発という目標のためだけに子どもの今があるのではなく，子どもの今そのものを民主主義のなかで尊重し，子どもを権利主体としてとらえていこうという発想へと結びついていくわけです（子どもの権利⇨第6章）。

したがって，子どもの育ちに着目し，子どもの声を聞きながら進める保育というのは，単に子ども自身が楽しく，大人も子どもを無理なく誘導できるから，推奨されているわけではありません。子どもたちの人格を尊重すること，自分の自由な意志が尊重され，自由に行動し，仲間とともに生きることが，人間としてのあり方そのものを学ぶうえで子どもにとって重要であるという思想が，そういった保育の正しさの根拠になっているのです。

POINT

19～20世紀の子どもと教育

子どもは尊重される存在である
大人とは異なる特性がある　⇔　子どもの発達と興味に即した教育

4 教育の平等という思想と国家

　ところで，一般の人々を対象とする教育の基礎をつくったのは，17世紀のボヘミアで宗教改革を指導したコメニウス（1592-1670）です。コメニウスは，世界で初めてさし絵入りの教科書『世界図絵』（1658年）をつくりました。そして，印刷術をモデルに教育法を考え，教科書の内容（原版）を教師の声（インク）により子ども（白紙）に伝える（印刷）としたのです。

　冒頭で見たように，近代教育思想のもう1つの特徴に，すべての人々が等しく教育を受ける権利があるという思想があります。これについてもまた，ルソーは「政府の定めた規則と主権者の任命した行政官のもとで行われる公教育」が政治の根本原理の1つであると説いています（ルソー，1998）。そしてその根拠は，教育が国家にとって重要なものだからとしているのです。当時，教育は親の責任のもとで行われる私的なものであっただけでなく，ルソーのいたフランスでは特に，子どもを乳母に預ける習慣があり，それが子どもの死亡率の高さと結びついていました。実はルソー自身も子どもを次々に乳母に預けてしまっているのですが，いずれにせよ彼が考えた教育の意義は，子どもが政治に参加する主体として自由な意志をもって生きることを学ぶことにあり，それは個人の価値観にゆだねられるべきものではなく，公的なものとして構想されていたのです。

　こうした発想は，後に市民教育，公民教育という思想へと発展していきます。たとえばレッジョ・エミリアの幼児教育は，第**6**章で見たように，そのプロジェクト型教育や表現を通じて子どもの知性と協同性を育てる保育として注目されています。その基盤には，1人ひとりが自分たちの生きる社会のあり方について考え，意見をもち，表明し，対話していけるような能力の育成ということが目的として内包されています。また，移民国家においては，市民としての政治参加の権利を移民に認めると同時に，その意義を学び理解することを求めるという市民教育も行われています。国家が公教育に対して責任をもつことは，**第一に政治参加主体**としての構成員を教育する必要に基礎をおいているのです。

しかし，子どもの教育を国家や政治的共同体のためのものとして位置づける発想は，教育の目的や内容を，国家に有益となるやり方で決定する可能性に結びつきます。たとえば太平洋戦争の終結まで，日本は軍事国家として歩みましたが，そのとき重視されたのは教育勅語のもとに，天皇制国家に忠誠を尽くすという価値に疑問をもつことのない臣民を養成することでした。つまり，自由な意志をもち，発言し，行動する政治参加主体ではなく，国家の方針に反対しない，あるいはできない教育をすることが，最終的には重視されていったわけです。ここから，国家が教育に対して責任をもつということは，自由な政治参加主体を育てるという方向性を失いかねず，大きな危険がともなうということがわかります。★

　公教育は，戦後の教育において，子どもの**教育の保障と教育内容や方法の管理**という両面の大きな争点となってきました。たとえば幼稚園教育要領や学習指導要領は，1958年文部省令「学校教育法施行規則の一部を改正する省令」によって，教育課程の基準として文部大臣が公示することとなり，法的拘束力があるものとされました。しかし，学習指導要領は，全国の子どもたちに平等に最低限の教育内容を保障する制度であると同時に，カリキュラムを決定・管理する権利を国家に与え，子どもと日々向き合う教師の裁量を縮小するという問題もはらんでいるのです。

⑤　経済社会と教育機会

> QUESTION
> 　教育は子どもたちに平等に与えられているでしょうか。また，教育によりどのような平等が得られ，どのような不平等が生じるでしょうか。

---

note
★　国家への忠誠心を共通にもつとされる人々を「国民」として組織する国家を「国民国家」といいます。近年，国民国家そのものが議論されるようになり（国民国家論），その成立や機能と教育との関係も検討されています。

CHART | 図7.1 パノプティコン

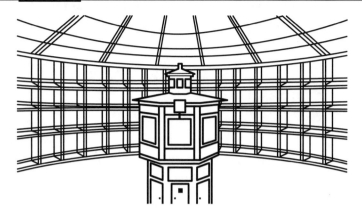

中央の監視塔を取り囲むように受刑者の独房が円く配置された一望監視システムです。受刑者は常に監視を意識することになり，監視者が見えなくても内面から統制されていきます。学校では，監視塔の代わりに教壇から教師が生徒を見下ろす構図になりました。

(出所) フーコー，1977 をもとに作成。

効率性を求めて

教育機会の平等という思想は，政治参加主体を育てるという観点からだけでなく，経済社会とも密接な関係があります。18世紀の産業革命以降，西洋社会では工業に従事する労働者をどのように育てるかが問題になりました。それに対する1つの答えは，一度に多くの子どもたちに効率よく読み書きと簡単な算数，宗教および勤勉さや清潔，礼儀などの道徳性を教えることでした。

たとえばベンサムがその著書『**クレストマティア**』（1817年）において発表した構想「**パノプティコン**」（図7.1）は，「光の偏在」を意味する一望監視システムですが，それは監獄，工場，病院，学校などに適用されるシステムになりました。受刑者や労働者，患者，生徒たちを個々に分断し，管理し，監視する一方で，その監視する主体を監視される側からは見えなくすることによって，1人の監視者が多くの者を監視することができるという効率性を追求したものです。しかもフーコーによればそれは，個々人の精神のなかに自らを統制する能力を養成するものでもありました（**規律訓練**）。

19世紀半ばから後半にかけて成立した大衆全体を巻き込む学校制度は，こ

の一望監視システムに基づく「モニトリアル・システム★」を参考にして，多くの子どもたちに平等に教育を受けさせるシステムとしてつくられました。その後，教育内容の浸透をより重視した一斉授業の方法も模索されていきます。

つくりだされる不平等

　今日の学校教育は，必ずしも効率を重視した大衆教育のままであるわけではありません。しかし，子どもを分断し，効率よく個々人の成績や性向を把握する機能を，今も学校は果たしています。また，学校はよい成績を取るために多かれ少なかれ競争する場所であり，与えられる機会の平等に対して，自己責任で努力をすることが必要なのだとする価値観を，私たちのなかに植えつけるという点においても，個人を管理統制する役割を果たしています。

　ところで学校は，読み書きのできる勤勉な労働者を養成する一方，将来の職業選択に対して平等な機会を与える機能を果たすとされてきました。日本ではとりわけ1960年代の高度経済成長期，学校でよい成績をおさめ，より高い段階の学校に進学・卒業することが，将来の職業選択の道を開く，つまり階層上昇の機会になっていました。学校が，資本主義社会において拡大せざるをえない格差を是正する，平等化の役割を担っていたのです。それでは本当に，学校はすべての子どもたちを平等化する機能を果たしているのでしょうか。

　このことについては，1970年代に多くの社会学者や教育学者が議論しました。たとえばフランスのアルチュセールは，「国家のイデオロギー装置（AIE）」という概念を提唱しました。それは，直接的に誰かを抑圧するような公的な組織ではなく，宗教，教育，家族，法律，文化，情報などに関わるさまざまな私的組織が，支配－被支配の関係を肯定する考え方や価値観を浸透させることによって「生産諸関係の再生産」をする役割を果たしているというものです。そうすると，学校，政党，マスメディア，スポーツなど私たちの身近にあるたくさんのものが，実は世の中の現状を肯定し，再生産するシステムであることになります（アルチュセール，1993）。これに続いて，ブルデューとパスロンの

note
★　イギリスのベルとランカスターが考案した教育方法。大講堂で多人数の子どもに授業を行うときに，一部の生徒を助教（モニター）にして壁沿いに立たせ，教師の言葉をオウム返しでスピーカーのように伝えさせました。

『**再生産論**』（ブルデュー・パスロン，1991），ボウルズとギンタスによる『アメリカ資本主義と学校教育』（ボウルズ・ギンタス，1986）など，学校は人々の間に生じる不平等を是正するかのように見えるが，実は社会の現状を肯定し，再生産するのだということを明らかにする研究が発表されました。イリイチは『脱学校の社会』（イリイチ，1977）のなかで，公教育のこうした性格を明らかにしたうえで，人々の学びたいという動機に基づく学びが提供されるシステムを提案しました。

　教育の**不平等**については，現代日本でも，保護者の年収によって教育サポートを受ける機会に差があり，そのために進学機会が平等にならないことなどが指摘されています。2000年代には，東京都杉並区の公立中学校が，学習支援の門戸をすべての子どもたちに，とりわけ貧困などにより学習機会が狭められている子どもたちに開くために，塾とタイアップした教育のあり方を模索しました。しかし，上がった成果が教育機会の平等化の取り組みによるものなのか，それとも教育熱心な学校に関心をもつ保護者が子どもの学校選択の範疇にその中学校を入れてきたためなのか，という疑問もあります（苅谷ほか，2008）。さらにこの問題は，教育を平等な競争の機会として保障することが，果たして子どもの学習権を保障することにつながるのかという重要な問題をはらんでいます。なぜなら，競争のなかでより高い点数を取り，進学につなげることは，イリイチが指摘したように，学習者本人の生活の充実や幸福のためではなく，経済社会の現状維持と発展に貢献する可能性をはらんでいるからです。

POINT

産業の発展と教育

産業の発展 ➡ ・教育の効率性の追求
・経済的な不平等…教育による再生産

子どもの育ちと社会との関係

教育と社会の結び直し

　1970年代の公教育と経済社会との関係を指摘する研究が進むなかで，**フレイレ**（1921-1997）は，『被抑圧者の教育学』（1968年）を発表します。そこでは，経済格差や階層差を助長する，あらかじめ決定されたカリキュラムを学び，競争と分配を原則とする教育に巻き込まれるのではなく，学習権を行使し，人々が生きるために必要な力を獲得することで，人々の幸福と教育の関係を結び直す教育のあり方が提言されました。それは，社会生活におけるさまざまな具体的な問題について共に考え，「対話」を通して学び合うことこそが，学ぶ者にとって必要な社会のありようを求め，構築することにつながるとする教育観です。つまり，当事者が直面する問題を共に考え，学び，解決を目指すことが，学びの契機となると同時に，民主主義的な社会の構築にもつながるような教育のあり方です。今日なお，このフレイレの「対話」の概念は，子どもの教育に影響を与えています。

　実は，子どもの育ちが社会へのコミットメント（関与）とどうつながるのかというテーマは，そうした公教育の平等にかかわる矛盾が指摘される以前から，子どもの教育の重要なテーマの1つでした。**デューイ**（1859-1952）は，20世紀への転換期から20世紀前半を通じて，プラグマティズムに基づき，子どもの教育が現実の社会を理解するだけでなく，社会を構築するような力をもつための方途を模索しました。**キルパトリック**（1871-1965）は，モンテッソーリが生活から切り離されたところで子どもの感覚を組織的に訓練したのに対し，デューイは生き生きした生活経験と結びつけて事物を教え，社会とのかかわり方を探究する教育を目指したと指摘しています。

---

note

★　プラグマティズムとは，哲学において意識中心に考えるのではなく，人の反省・思考を行為・実践と深く結びつけて考える立場です。デューイは，問題を解決する実践のための道具として科学や道徳の知識をとらえました。

> **Column ❻　銀行型教育と課題提起型教育**
>
> 　フレイレは，いつか役に立つものとしてお金を預金口座に蓄えるかのように，教師が生徒に一方的に知識を伝え記憶させる教育を「銀行型教育」と呼んで批判しました。このような教育では，生徒は機械的に知識を受け入れるだけの存在で，物事を批判的に考えることを許されません。フレイレが理想とする教育は，教師と生徒の対話的なコミュニケーションを通して，生徒自らが現実世界の問題に取り組むことを学ぶ「課題提起型教育」でした。生徒は，互いの省察と行動を通して物事を創造的に探究する学び手としてとらえられています。

　日本では，たとえば城戸幡太郎（⇨第**6**章）などの教育研究において，子どもにとって必要な育ちと，その社会的な意味の追究が行われてきました。城戸は，子どもを生まれながらに社会的な存在ととらえ，子どもが生活の実践を通して社会・文化を創造的に学ぶことに教育の目的を見出しています。こうした考えは，新教育を批判するかたちで戦後に受け継がれました（⇨第**5**章）。

学校教育をとらえ直す

> **QUESTION**
> 　学校で教科書を用いて学習する以外に，人々の生活や仕事について学ぶ機会や方法には，どのようなものがあるでしょう。

　多くの子どもに効率よく教育を行うとひとくちに言っても，現実の子どもたちは千差万別であり，知識を伝えさえすれば学ぶというわけではありませんし，それぞれの育ちの課題を抱えています。私たちが今日教育の方法や内容を考える際に，基盤としている子どもの教育の思想には，どのようなものがあるのでしょうか。

　すでに見たように，子どもが学校に通い，一定の内容を習得する必要性は，彼らが政治や経済を担うからという根拠に基づいていました。つまり，近代社会の枠組みそのものが，学校システムのなかで子どもが育つという現象をつくってきたのです。それ以前の社会においては，子どもたちは，生まれ落ちた

ときからさまざまな通過儀礼を経て共同体に認知され，共同体のメンバーとして組み込まれてきました。たとえば新潟県佐渡のニンジュギモンという儀式は，生まれて初めて子どもを村の人間としてお披露目するという役割を担っていたといわれています。今日では共同体に組み込まれるという意味合いは薄くなりましたが，お宮参り，お食い初め，百日祝いなどに始まり，成人式を経て大人になるといったさまざまな儀式が残っています。一方で，子どもたちは，たとえば子守をするなど，成長してできるようになったことから順に家や村の仕事に携わることによって，仕事の仕方や付き合いのルールなどを覚えていきました。その過程には，子ども組，若者組，娘組などといった成長過程の子どもたちで形成されるグループで，比較的年長の者から年少の者へと伝えられる文化もありました。そのなかで家業を覚え，一人前になっていったのです。

そうした過程で重要になるのは，一律の教育内容の習得ではなく，子ども自身が見て覚えること，身体で体験しながら学ぶ（身体知）ということです。このことは，学校教育の画一的な内容や方法を考えるなかで見直されてきました。たとえばデューイの経験主義は，子どもが体験を通して物事に関心をもち，その本質や歴史的経緯，社会的意味などを獲得していくものとして，学習活動をとらえています。それは同時に，学習活動への意欲的な参加や，学習内容の定着という面でも，重要な意味をもっていました。

レイヴとウェンガーの「正統的周辺参加」は，徒弟的な共同体での学び方について，いくつか興味深いことを示しています（⇨第 3 章）。仕立て職人の共同体では，新参者の徒弟はアイロンがけから仕事を覚えます。職人の仕事のなかでアイロンがけは周辺的な作業ですが，この段階から徒弟は完成品の服のイメージをもち，一歩ずつ中心的な作業へ進んで工程の全体を学んでいきます。徒弟は服を仕立てるという具体的な状況で学びながら，共同体の中心的なメンバーに組み込まれて一人前になります。

この徒弟の学び方と比べると，学校では，一般的で抽象的な知識が全体が見えないまま細分化されて教えられていることもわかります。また子どもの学習も，仲間との共同体への参加の仕方ではなく，個人的な知識の蓄積の過程として考えられています。このように「正統的周辺参加」は，学校教育があたりまえとみなしてきた教育の枠組みを見直す機会をもたらしました。今日，子ども

たちが具体的なものや人や状況とかかわりながら、生き生きと学ぶ教育の実践が模索されています。

POINT

教育をとらえ直す理論と概念
対話による教育、生活経験の重視、社会的な存在としての子ども
身体知の見直し、正統的周辺参加論

CHAPTER

第8章

子ども教育を支える仕組み

豊かな学びを実現するために

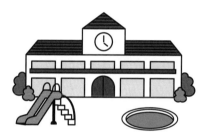

WHITEBOARD

- ●日本の学校体系はどんな特徴をもっているだろうか
- ●子ども教育はどんな法令から成り立っているのだろうか
- ●教育の行政や財政にはどんな仕組みがあるのだろうか
- ●園や学校はどのように運営されているのだろうか

KEYWORDS

学校の段階と系統　複線型・単線型　6・3・3制　教育基本法　学校教育法　児童福祉法　就学前の子どもに関する教育，保育等の総合的な提供の推進に関する法律（認定こども園法）　教育行政の3つの原則　教育委員会　義務教育費国庫負担制度　幼稚園就園奨励費補助事業　学級経営　園務分掌・校務分掌　学校評議員　学校運営協議会　学校評価　コミュニティ・スクール　説明責任（アカウンタビリティ）

1 学校の体系を知ろう

▶ 段階と系統

> **QUESTION**
> これまで自分がどのような学校に通ってきたか、まわりの人と話し合ってみましょう。学校の種類や教育の内容について、どのような共通点や相違点が見つかるでしょうか。

学校の段階

　これまでの教育体験を振り返るとき、みなさんは「幼稚園では〜」「小学校では〜」と、自分の通った園や学校のことを思い出すことも多いでしょう。幼稚園、小学校、中学校、高等学校、大学などは、学校教育法で「学校」と定められた学校の種類（学校種）です。

　学校の体系には、まず、子どもの年齢によって学校を置いた段階があります。**学校の段階**は、初等教育・中等教育・高等教育の3つに分けられています。

　初等教育は、学校教育の最初の段階で、主に児童期の子どもを対象にしています。日本では、小学校で、義務教育として普通教育の基礎的なものを行うとされています。読み・書き・計算をはじめ、人が社会生活を送るために必要な初歩的な知識や能力を身につけることが重視されています。広い意味で、幼稚園の教育や保育所・認定こども園の教育に相当する部分も初等教育に含まれます。幼児期の教育は、小学校の前に行われる教育という意味を強調するとき、「就学前教育（幼児教育）」と称されることがあります。

　中等教育は、初等教育の次の段階で、前期と後期に分けて考えられています。日本では、前期中等教育として、義務教育で一般的なことを学ぶ普通教育が行われています。学校種でいうと、前期中等教育は中学校が担っています。後期中等教育としては、高度な普通教育や、商業や工業などの専門的なことを学ぶ専門教育が行われています。後期中等教育は、よく「高校」といわれる高等学

校が担っています。

　高等教育は，中等教育の上の段階にあり，高度な学術的・専門的な知識や技能を教えるための段階です。主に大学，短期大学，高等専門学校などで行われ，課程の修了によって学位やそれに準ずる称号があたえられます。

　このように学校には，基礎的な教育から高度な教育へ向かって進む段階性があります。それぞれの段階には，子どもや学習者の発達・能力に応じた教育の方法とカリキュラムが用意されています。このため，学校の段階を上がるときには，これまでの学び方を新しい学び方につなぎ，これまで学んだことを新しく学ぶことにつなぐ接続（アーティキュレーション articulation）が重要です。近年，幼稚園や保育所から小学校へ上がるとき，学校生活になじめない「小1プロブレム」が問題になっています。これも園・学校間の接続にかかわる問題で，子どもがスムーズに次の教育に進むことのできる工夫が求められています（⇨第10章）。

| 学校の系統 |

　学校の体系には，学校の段階のほかに，どの学校に進学するかという教育のコースを表す**学校の系統**もあります。学校の系統には，教育の目的や内容の違いによる普通教育・職業教育・特別支援教育の系統や，教育対象の違いによる男子教育・女子教育の系統，一般的な教育・エリート教育の系統などがあります。

　戦前の日本は，こうした複数の系統により教育のコースがさまざまに分かれる**複線型**の学校体系でした。当時の子どもは，尋常小学校を卒業してから，男女別に一般的な教育か，エリート教育か，職業別の教育かでそれぞれ異なる学校に進学しました。

　戦後の日本は，アメリカの影響を受けて，普通教育を目的とする小学校→中学校→高等学校に進むコースが主流の体系に変わりました。教育のコースが一つの学校体系は，**単線型**といわれています。ただし，特別な配慮の必要な子どもには，特別支援教育のコースが用意されました。

　日本の学校の体系は基本的に単線型ですが，のちに高等専門学校（1961年）や中等教育学校（1998年），義務教育学校（2006年）が置かれ，学習者の進路の

選択肢を広げる改革も行われてきました。★

POINT

日本の学校体系（単線型）

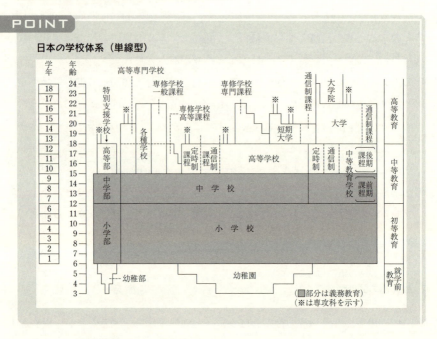

(■部分は義務教育)
(※は専攻科を示す)

日本と諸外国の教育

> **QUESTION**
> 世界にはさまざまな国々があります。みなさんは，どこの国に興味をもっていますか。図書館やインターネットで，興味のある国の教育について調べてみましょう。

　日本の学校の体系は，みなさんの慣れ親しんできたものでしょう。ここでは，諸外国にも目を向けてみましょう。

　日本と同じく単線型の体系は，アメリカやアジア諸国に多く見られます。歴史的にヨーロッパ諸国では，高等教育機関に進むか職業訓練を受けるかで，早くから教育のコースが分かれる複線型の体系が見られました。今日のヨーロッ

---
note
★　中等教育学校は中学校から高等学校までの教育を一貫して行う学校，義務教育学校は小学校から中学校までの義務教育を一貫して行う学校です。高等専門学校は，実践的な技術者を養成することを目的とした高等教育機関です。

パ諸国では、初等教育や中等教育まで共通の教育を受けた後、進路によってコースが分かれるようになっています。たとえばドイツでは、初等教育の基礎学校を卒業すると、基幹学校・実科学校・ギムナジウムのいずれかの中等学校を選択して進学します。

次に、教育年数と義務教育期間に注目して、日本と諸外国の学校教育に関する制度（学制）を見ていきましょう。

日本の学校は、初等教育（小学校）と中等教育（前期・後期）の教育年数から**6・3・3制**となっています。初等教育の年数が日本と同じ6年間の国は、韓国・中国・フィンランド（6・3・3制）、イギリス（6・5・2制）などです。★アメリカは州によって異なり、6・3・3制のほかに5・3・4制や4・4・4制などがあります。初等教育の年数は、日本より短いものでドイツの4年間、長いものでオランダの8年間があります。★

義務教育期間は、日本では小学校と中学校の教育期間にあたる9年間です。諸外国の義務教育期間を見ると、日本と同じ9年間（韓国、スウェーデン、タイ、中国、フィンランド、ブラジル、南アフリカなど）、1年多い10年間（イタリア、オーストラリア、デンマーク、ノルウェー、フランスなど）の国が多いといえます。アメリカは州によって9〜13年間の幅があります。

義務教育の始まる年齢は、日本では6歳です。世界的に見ても、多くの国々で日本と同じ6歳が義務教育の始まる年齢となっています。日本より早く5歳から義務教育を始める国は、アルゼンチン、イギリス、オランダ、ハンガリー、ペルーなどです。日本より遅く7歳から義務教育を始める国は、インドネシア、エチオピア、スウェーデン、スペイン、フィンランドなどです。

日本と諸外国の学制をながめてきましたが、いかがでしたでしょうか。学校の段階や義務教育などの基本的な仕組みが同じようにある場合でも、それらをどう運用するかは国によって異なることがわかるでしょう。こうした違いは、それぞれの国の歴史・文化・社会のあり方によるものです。

---

note

★ 中国では、農村部で5・4・3制をとるところもあります。
★ ドイツは州や学校種によって教育年数が異なり、4・5/6/8/9制のほか、6・4/6/7制もあります。オランダは8・4/5/6制で、学校種によって中等教育の年数が異なります。

法から見える教育の仕組み

> QUESTION
> 教育に関する法規（法律や規則など）は何のためにあるのでしょう。もし，教育に関する法規がなかったら，どのようなことが起こるでしょうか。

　今日では，ある年齢になると子どもは学校に通うことになりますので，教育の機会というと学校をイメージする人も多いでしょう。学校や園で行われる教育は，公教育といって，すべての子どもにひとしく教育を受けさせるという公の目的をもちます。このため学校や園は，国や地方公共団体の定めた法規にのっとって，子どもが一定の経験，知識，資質を得られるように教育を行っています。これは，習いごとや塾による広い意味での教育，家庭で行われる教育とは大きく異なるところです。これから，子ども教育の基本的な法規について見ていきましょう。

教育の理念と目的

　日本の子どもたちが当たり前のように教育を受けられるのはなぜでしょうか，日本国憲法は，教育を受ける権利と教育を受けさせる義務を示し，公教育の理念を表しています。教育を受ける権利は，「すべて国民は，……その能力に応じて，ひとしく教育を受ける権利を有する」（第26条1項）と定められています。これは，一人の人間として尊重されながら子どもが学ぶ権利を保障するものといえます。

　教育を受けさせる義務は，「すべて国民は，……その保護する子女に普通教育を受けさせる義務を負ふ」（第26条2項）と定められています。子女（息子と娘の意味）という言葉からわかるように，教育を受けさせる義務を負うのは，保護者（親）になります。

　教育を受けさせる義務の条文には，「義務教育は，これを無償とする」（第26条2項）とあります。ここでの無償とは，授業料を徴収しないという意味です。

家庭の経済状況にかかわらず,保護者が教育の義務を果たし,子どもの教育を受ける権利が十分に保障されるようにしているのです。

このように教育は,憲法によってすべての子どもたちに行き届くよう定められています。とはいえ,教育ならば何でもよいかというと,そうではありません。

教育基本法は,日本国憲法の精神にのっとり,教育の基本をうちたてるための法律です。教育基本法では,何を目指して教育を行い,どのような人間を育てるかという教育の目的が定められています(第1条★)。また,すべての子どもの教育を受ける権利を保障するため,いかなる理由であっても教育上の差別をしてはならないとしています(第4条★)。ここで,教育の機会均等の原則が示されているのです。

学校教育(第6条)については,学校は公の性質をもち,設置者は国,地方公共団体,法律に定める法人であると定めています。学校教育は体系的・組織的に行われ,教育を受ける者が学習意欲を高めることを重視しなければならないとされています。新しい時代に見合うように方法や内容を工夫し,教育の質を維持・向上させることが求められています。

幼児期の教育(第11条)については,幼児期の教育が生涯にわたる人格形成の基礎を培う重要なものであるとして,国や地方公共団体はその振興に努めるべきと定められています。特に,幼児のすこやかな成長のためによい環境の整備と幼児期にふさわしい教育の方法が必要とされています。このような規定により,幼児期の教育の重要性は社会に広く認識されるようになりました。

教育基本法は,すべての教育の出発点となる家庭教育についても定めています(第10条)。子どもの教育について保護者が第一義的な責任をもつことや,国や地方公共団体が家庭教育の支援に努めるべきことが示されています。学

───────────────────────── note

★ 教育基本法第1条　教育は,人格の完成を目指し,平和で民主的な国家及び社会の形成者として必要な資質を備えた心身ともに健康な国民の育成を期して行われなければならない。

★ 教育基本法第4条　すべて国民は,ひとしく,その能力に応じた教育を受ける機会を与えられなければならず,人種,信条,性別,社会的身分,経済的地位又は門地によって,教育上差別されない。

2　国及び地方公共団体は,障害のある者が,その障害の状態に応じ,十分な教育を受けられるよう,教育上必要な支援を講じなければならない。

3　国及び地方公共団体は,能力があるにもかかわらず,経済的理由によって修学が困難な者に対して,奨学の措置を講じなければならない。

校・家庭・社会全体が協力して，よりよい教育を実現させていくことが目指されています。

学校の基本

教育の理念や目的がどのように定められても，それを実現する場がなければ，理念や目的は絵に描いた餅になってしまうでしょう。学校があればいい，と言えばそうかもしれません。では，どんな学校が必要でしょうか。

幼稚園と学校の制度の基本について定めているのは，**学校教育法**です。学校教育法は，「学校とは，幼稚園，小学校，中学校，義務教育学校，高等学校，中等教育学校，特別支援学校，大学及び高等専門学校とする」（第1条）と定めています。幼稚園が学校種の最初に置かれていることから，幼稚園教育が学校教育の基礎に位置づけられていることがわかるでしょう。学校教育法では，学校種ごとの目的，教育内容，対象となる子ども，教員など学校教育の骨組みが示されています。幼稚園と小学校について，これらの内容を確認しましょう（教員については⇨第4章）。

幼稚園は，「義務教育及びその後の教育の基礎を培うものとして，幼児を保育し，幼児の健やかな成長のために適当な環境を与えて，その心身の発達を助長すること」を目的としています（第22条）。また，幼児を教育するだけでなく，保護者や地域住民などの相談にのり，情報の提供や助言を行って，家庭と地域の幼児期の教育を支援するところでもあります（第24条）。

幼稚園の教育課程と教育内容は，文部科学大臣が定めます（第25条）。そこで文部科学省が作成し，幼稚園教育のガイドラインとしているのが幼稚園教育要領です。幼稚園に入園できる子どもは，満3歳から小学校就学の始期に達す

るまでの幼児と学校教育法で定められています（第26条★）。

次に小学校についてです。小学校は、「心身の発達に応じて、義務教育として行われる普通教育のうち基礎的なものを施す」ことを目的としています（第29条）。特に、学んだ知識や技能を活用して課題を解決するために必要な思考力、判断力、表現力などをはぐくみ、主体的に学習に取り組む態度を養うように配慮しなければなりません（第30条）。小学校の教育課程に関することがらは、文部科学大臣が定めるとされ（第33条）、文科省はガイドラインとなる学習指導要領を作成しています。また、教科用図書（教科書）は、文部科学大臣の検定を通ったものや、文部科学省が著したものを使うことになっています（第34条★）。

子どもは、満6歳になった日の翌日以後に始まる学年の最初から、満12歳になった日の属する学年の終わりまで小学校や義務教育学校の前期課程、または特別支援学校に通います（第17条）。小学校の修業年限は6年です（第32条）。

このように学校教育法は園・学校の目的、教育の対象者、何を指針とするかなどを示すことで、それぞれの教育機関のはたらきを区別し、体系的な教育を実現するようにしているのです。

保育所と認定こども園

子どもをケアする社会的な基盤は、どのようにつくられているでしょうか。その基盤づくりの基本的な精神や枠組みを定めている法規を見ていきましょう。

保育所の仕組みの根拠になっているのは、**児童福祉法**です。児童福祉法では、すべての国民は子どもがすこやかに生まれ、育てられるよう努め、すべての子どもが生活を保障され、愛護されなければならないことをうたっています（第1条）。国と地方公共団体は、保護者とともに、子どもをすこやかに育てる責任を負わなければなりません（第2条）。これらは、子どもの福祉を保障するための原理として、子どもに関する法令の施行にあたって、尊重されなければなら

────────────────────── note

★ 小学校就学の始期に達するまでとは、満6歳に達した日の属する学年の終わりまでととらえることができます。

★ 民間の出版社などで作成した図書を文科省が審査し、合格したものについて教科書としての使用を認める手続きを教科書検定制度といいます。

ないものです（第3条）。

　保育所は，このような児童福祉の理念のもとに置かれた児童福祉施設です（第7条）。その目的は，「保育を必要とする乳児・幼児を日々保護者の下から通わせて保育を行うこと」（第39条1項）です。「保育を必要とする」とは，保護者の就労や病気・就学などの理由で，家庭において保育ができない事情のことを意味しています。市町村は，こうした事情が保護者にある場合，保育所で子どもを保育しなければなりません（第24条）。

　保育所の保育の特性は，「児童福祉施設の設備及び運営に関する基準」で「養護及び教育を一体的に行うこと」（第35条）と示されています。保育の内容は，厚生労働大臣が定める指針に従います。この指針として厚生労働省から出されているのが，保育所保育指針です。

　教育・保育を一体的に行う認定子ども園という新しい保育の場の誕生は，社会的に大きな出来事でした。認定子ども園が幼稚園と保育所の両方の機能を保有するために，法規でどのようなことが定められているでしょうか。

　認定こども園の仕組みは，**就学前の子どもに関する教育，保育等の総合的な提供の推進に関する法律**（通称は**認定こども園法**）をもとにつくられています。2006年に認定こども園がスタートしたとき，その法令と行政は，幼稚園と保育所の2つの制度にわたっていてわかりにくいものでした。こうした二重性をなくすため，2012年に認定こども園法が改正されて，新しい幼保連携型認定こども園について示されました。★

　認定こども園は，「子どもに対する教育及び保育並びに保護者に対する子育て支援の総合的な提供を推進する」（第1条）という理念のもとに置かれています。その目標は，学校としての教育および児童福祉施設としての保育，保護者への子育て支援事業の連携を図って教育・保育することです（第9条）。認定こども園は，学校と児童福祉施設の両方の位置づけをもっているのです。

　認定こども園の教育課程，教育および保育の内容は，主務大臣★が定めること

---

note

★　認定こども園には，教育と保育を一体的に行う幼保連携型，幼稚園に保育所機能をつけた幼稚園型，保育所に幼稚園機能をつけた保育所型があります。認定こども園法では，主に幼保連携型について定めています。

★　ここでの主務大臣は，認定こども園の事務を行う内閣府・文科省・厚労省の各大臣です。

になっています（第10条）。2014年に内閣府・文科省・厚労省の共同で幼保連携型認定こども園教育・保育要領がはじめて示され，2015年に施行されました。なお，幼保連携型認定こども園に入園できるのは，満3歳以上の子どもおよび満3歳未満の保育を必要とする子どもと定められています（第11条）。

POINT

子ども教育の基本的な法規

教育の理念と目的	日本国憲法　教育基本法
幼稚園・小学校	学校教育法
保育所	児童福祉法
認定こども園	就学前の子どもに関する教育，保育等の総合的な提供の推進に関する法律（認定こども園法）

3　目指す教育を実現するために

QUESTION
行政や財政と聞いて，どんなことをイメージしますか。教育の行政や財政について，知っていることを話し合ってみましょう。

教育行政の原則と教育委員会

　教育の目的を実現するために，さまざまな条件を整備・確立するものとして，教育行政が行われています。第二次世界大戦後，日本の**教育行政**は，民主化，自主性の確保，地方分権化の**3つの原則**のもとに出発しました。これは，国家主義的・中央集権的だった戦前の教育が，戦争に加担してしまったことへの反省によるものです。戦前の天皇が国を統治する体制では，教育にかかわる判断は天皇の大きな権限のもとで行われていました。これに対して戦後は，国民の意思を反映した法律に基づいて，民主的に教育の取り決めをするようになりました（⇨第5章）。

　教育基本法は，教育が不当な支配の介入や，一部の勢力のために行われるこ

とがあってはならないことを示しています。教育行政は，首長（知事や市町村長）の政治的な影響力が及ばないように，一般行政からはなれ中立性を確保すべきとされました。もし首長の考えひとつで教育が変わることになれば，教育政策の安定性は失われ，学校も子どもも振り回されてしまいます。そこで，首長の権限が直接及ぶ部局から独立した自主的な組織として，**教育委員会**が置かれるようになりました。★これは，保育所にかかわる事務が，一般行政として首長の部局で行われていることと大きく異なります。

　教育委員会は，地方自治体の教育に関する事務をとり行う合議制の行政委員会です。都道府県，市町村などごとに置かれ，住民が直接選挙で選んだ教育委員により組織されるもの（公選制）として発足しました。教育の具体的なことがら，たとえば学校の設置や管理，教員の人事や研修，教科書の採択などは，地方の権限で教育委員会が担います。中央の文部省（文部科学省の前身）の役割は，教育や学校の全国的な基準づくり，教育に関する調査や提言，国の補助金にかかわることを中心にしました。中央に対し，地方がそれぞれの実情に即して自律的に教育行政をとり行うようにしたのです。

　その後，教育委員会の位置づけも少なからず変わってきました。教育委員の公選が特定の政党や組織にコントロールされるという批判から，その選任は，首長が議会の同意を得て任命すること（任命制）になりました。教育委員会がもっていた教育の予算案を作成する権限も，教育委員会の意見を聴くという条件のもとに首長のものになりました。★教育委員会の首長・一般行政との関係は，独立よりも連携と調和が求められるように変わってきたのです。

　1990年代以降，新たな地方分権化と規制緩和の流れが教育行政にも及ぶようになりました。政府は，地域のニーズに応じた教育をさらに進めるとして，教育行政への国のかかわりを小さくし，地方の権限と責任を広げる方針を掲げています。教育上これまで規制してきたことを緩めて，学校選択の幅を広げる，

---

note

★　1948年に教育委員会法が施行され，教育委員会制度が導入されました。戦後教育改革において，教育委員会は教育の民主化，自主性の確保，地方分権化を保障するものです。教育委員会法は1956年に廃止され，かわりに地方教育行政の組織及び運営に関する法律が施行されました。この法律により，教育委員の選任方法は公選制から任命制に変わりました。

★　これは，教育委員会と首長が対立し紛争が起きると，予算の業務がとどこおり，運営に支障をきたすことが問題になったからです。

民間人の校長や教員を採用するなど，新しい取り組みを進める自治体も現れました。こうした教育行政の改革は，地域の実情に即した独自の教育施策を実行する可能性をもたらしますが，一方で地域間・学校間の格差を広げかねないものであるといえます。

子ども教育の財政

　政府や地方自治体による活動を経済の面からとらえたものを財政といいます。子ども教育の財政にかかわる最近の動向を見ていきましょう。

　国は，すべての子どもが，全国どの地域でも無償で一定水準の教育を受けられるようにするため，義務教育の公立学校の教職員給与費を一部負担しています。これを**義務教育費国庫負担制度**といいます。★地方分権化を進める政府の方針で，2004年度から国庫負担総額の範囲で教職員の給与や配置について地方の自由度が大きく増しました。さらに，国庫負担金を一般財源化して地方の自由度を拡大しようという議論も出ましたが，★教育の地域間格差を生まないために義務教育費国庫負担制度は維持されることになりました。

　文部科学省は，幼児の幼稚園への就園機会を保障するために，**幼稚園就園奨励費補助事業**を行っています。子どもを幼稚園に通わせる保護者は若い世代が多く，その経済的な負担は相当なものです。そこで国は，市町村による就園奨励事業の経費を補助して，世帯の所得や子どもの数に応じて入園料や保育料を軽くするようにしています。2010年代には，就学前教育の充実を図るため，5歳児の幼児教育の無償化が本格的に検討されました。けれども，財源を確保することが難しく，無償化は先送りされることになりました。

　そして2012年に成立した子ども・子育て関連3法に基づいて，幼稚園・保育所・認定こども園に共通の財政支援の仕組みができました。これまでは，幼稚園・保育所・認定こども園に対し，異なる財源からそれぞれの教育・保育施設への経費，保護者の負担軽減のための助成金が出されていました。★新しい制

---- note

★　市町村立学校の教職員給与費は都道府県の負担としたうえで，現在は国が都道府県の支出額の原則3分の1を負担しています。

★　一般財源化とは，国が使い道を決めて自治体に交付する補助金を廃止し，かわりに使い道を限定しない地方交付税を交付する措置のことです。

度では，施設型給付に一本化し，国・都道府県・市町村の負担する給付費が教育・保育施設に支払われるようになりました。なお，私立幼稚園は施設型給付か，従来の給付かを選ぶことができます。

さらに，規模の小さな保育事業を支援する地域型保育給付も新しくつくられました。対象となるのは，小規模保育・家庭的保育・居宅訪問型保育・事業所内保育です。★これらの保育事業には，これまで国による基準はありませんでした。子ども・子育て関連3法に基づいて，国の定める基準をもとに市町村が事業を認可する仕組みをつくっています。認可された事業や施設に給付費を支給することで，保育の質を確保して量を拡充し，待機児童を解消するねらいがあります。

POINT

子ども教育の行政と財政のポイント
- 教育行政の三原則：民主化，自主性の確保，地方分権化
- 教育機会の保障をめざす制度・事業：義務教育費国庫負担制度，幼稚園就園奨励費補助事業
- 保育・教育と子育て支援の充実：施設・事業への財政支援として施設型給付，地域型保育給付

---

note
★ これまで，幼稚園は文科省から私学助成・幼稚園就園奨励費，保育所は地方税交付金（公立）・厚労省からの運営費補助金（私立），認定こども園は幼稚園部分，保育所部分それぞれに対して安心こども基金（都道府県に設置された子育て体制整備のための基金）から運営費が支払われていました。

★ それぞれの保育事業については，次のとおりです。小規模保育：定員が6人以上19人以下の事業。家庭的保育：定員5人以下のいわゆる「保育ママ」と呼ばれてきた事業。居宅訪問型保育：ベビーシッターなどの事業。事業所内保育：企業などが社内に設けた事業。

4 教育活動を支える組織と運営

> QUESTION
> 園や学校で，みなさんの担任の先生は保育・教育活動のほかに，どのような仕事をしていたでしょうか。他の先生と共同で，何について，どのように仕事をしていたかも思い出してみましょう。

学級とは

　子どもは，園や学校で学級に属して日々の生活を送っています。学級は，同じ学年の子どもたちと学級の担任からなる教育活動のための基本的な集団です。★子どもにとって学級は，自分もその一員であるという意識をもち，仲間と多くの体験を共有していく集団となります。保育室や教室は，学級における人間関係と学びの拠点となる空間です。学級担任は，子どもと教育者の関係，子ども同士の関係を築き，教育のねらいに即して教育活動を充実させるようにします。こうした担任の仕事を**学級経営**といいます。

　学級の人数や教職員の配置は，学校種ごとに決められています。★幼稚園では，1学級の子ども数は35人以下で，1学級あたり専任の教員が1人つくことになっています。小学校では，通常は1学級40人以下で，1学級につき教員1人以上になります。2011年からは，小学校1年生で35人以下の学級が推進されるようになりました。教師が子どもと向き合う時間を十分にとり，子どもへの支援と教育活動の充実を図るための改善策です。

　保育所と認定こども園では，保育者1人あたりの子どもの数が年齢に応じて示されています。0歳児では，保育者1人につき子ども3人，1・2歳児では子

---
note

★ 特別の事情がある場合は，複数学年の子どもからなる複式学級とすることができます。
★ それぞれ次の法規で，学級の編制や教職員の配置が定められています。
幼稚園：幼稚園設置基準。小学校：小学校設置基準・公立義務教育諸学校の学級編制及び教職員定数の標準に関する法律。保育所：児童福祉施設の設備及び運営についての最低基準。認定こども園：幼保連携型認定こども園の学級の編制，職員，設備及び運営に関する基準。

ども6人，3歳児では子ども20人，4・5歳児では子ども30人です。0歳児が9人いるときは，3人の保育者が学級の担任として保育にあたることになります。年齢の低い子どもほど保育者の数が多くなるのは，それだけ日常の心身のケアにきめ細かな対応が求められているということなのです。

　園や学校では，学級担任が1人で教育の責任を負うのではなく，他の教職員と協力して子どもの育ちと学びを支えていくことが大切です。担任の先生は，学級の子どもの姿を理解し，遊びや生活を通じてどのように発達を促すかを考え，教育のねらいや環境を構想しています。保育や授業をどうするか，教材をどうするかなど，他の先生と意見を交換したり，一緒に考えたりすることで，よりよい指導や援助ができるようになります。互いの保育や授業を見合うなどして学級をオープンにすることで，担任だけでは対応できないことがあっても助け合いが生まれます。教育者としての経験を交わす協働的な関係は，専門的な力量を高める機会を豊かにしていきます（⇨第4章）。子どもの問題に対応するため，スクールカウンセラー，スクールソーシャルワーカーとの連携もますます重要になるでしょう。

園・学校の運営

　園・学校は，教育の目標を実現していくために必要な仕事を組織的に行うところです。園・学校が行う業務の全般を園務・校務といいます。教職員は互いに協力し，園務・校務を分担して園・学校の運営に参加しています。教職員が園務・校務を分担することを**園務分掌・校務分掌**といいます。

　園務分掌・校務分掌の組織は，園や学校によってさまざまです。主なものに，教育課程の編成や実施に関すること，子どもの指導と管理に関すること，子どもの保健安全に関すること，施設・設備に関すること，地域・関係諸団体との連絡・調整に関することなどがあります。園・学校では，園長・校長のリーダーシップのもとで，教職員の集団としての力を生かすことが大切です。1人

---

note
- ★ 近年は，複数の教職員が連携して保育や授業を行うチーム・ティーチング（T.T.）の実践も増えてきました。
- ★ スクールカウンセラーは，悩みのある子どもの相談にのり，いじめや不登校に対応します。スクールソーシャルワーカーは，家庭への経済支援や虐待について児童相談所など他機関と連携します。どちらも教員とは別に園・学校の運営にかかわる人材で，近年ますますその充実が望まれています。

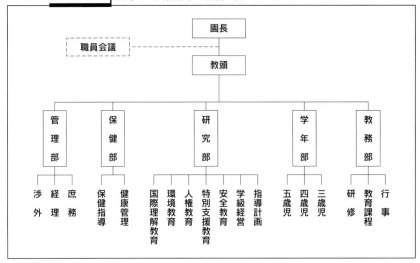

図8.1 園務分掌の組織の例

ひとりの教職員にふさわしい役割分担と連携により，チームとしての機能をよりよく発揮できるように園務分掌・校務分掌を考えていきます。

園・学校では，さまざまな組織が置かれ，園・学校運営にかかわることを検討しています。特に職員会議は，運営の方針やさまざまな教育課題への対応について共通理解を深め，子どもの状況について担当する学年・学級をこえて情報を交換するなど，教職員間のコミュニケーションを図るために重要です。

園長・校長は，園・学校を円滑に運営するため，必要に応じて教職員を集めて職員会議を開き，全体をとりまとめます。職員会議は，教職員の意見を聞いたり，さまざまな事務連絡を図るなど，園長・校長の職務をとり行うための補助機関として位置づけられています。ただし，職員会議は，単に園長・校長の考えを伝えるためだけの機関ではありません。教職員が積極的に意見を述べ合い，職務への意欲と園・学校への所属意識を高めて運営に参加していくことが，教育の活性化につながります。

保護者・地域との連携

子どもたちの育つ環境をより豊かにするために，園・学校と家庭，地域の人々が連携し，子どもから大人まで学び合える地域をつくることが望まれます。このような地域づくりの拠点として，開かれた園・学校をつくることが期待さ

れています。地域に開かれた園・学校づくりのために，どのような取り組みが行われているでしょうか。ここでは，幼稚園と小学校の学校評議員，学校運営協議会，学校評価について見ていきましょう。

学校評議員は，園長・校長の必要に応じて，園・学校の運営について保護者や地域の意見を聞くために置かれます。保護者や地域の考えを反映し，その協力を得るとともに，園・学校としての責任を果たすため，2000年に制度化されました。学校評議員には，保護者や地域の住民，園長・校長が必要と認める人がなります。学校評議員は，個人として意見をいう立場ですので，運営に直接たずさわったり，拘束力のある決定をしたりしません。

学校運営協議会は，保護者や地域の住民がいくらかの権限と責任をもって運営に参加できる合議制の機関です。★園・学校へのニーズを的確に運営に反映させ，よりよい教育を実現するために2004年に制度化されました。園長・校長は，学校運営協議会が認める基本的な方針に従って園・学校を運営することになります。学校運営協議会は，教職員人事について教育委員会に意見を述べられるなど，学校評議員より一歩踏み込んだ役割をもちます。学校運営協議会の委員には，主に園・校長，保護者・地域の住民，教育委員会が必要と認める者がなります。学校運営協議会を置く学校のことを，**コミュニティ・スクール**（地域運営学校）と呼びます。

学校評価は，子どもたちがよりよい教育を受けられるよう，教育活動などの成果をたしかめ，園・学校運営の改善と発展を目指すための取り組みです。園・学校には，特色ある教育が期待されるとともに，保護者や地域への**説明責任（アカウンタビリティ）**を果たすことが求められてきました。そのため，計画（Plan）―実行（Do）―評価（Check）―改善（Action）の**PDCA**サイクルを取り入れた手法や評価結果の公表が進められてきました。

学校評価には，教職員による自己評価，保護者・地域住民などからなる評価委員会が行う学校関係者評価，外部の専門家による第三者評価があります。保育所についても，福祉サービスの質の向上が求められ，第三者評価が実施され

---
note

★ 学校運営協議会はPTAとは違います。PTAは，学校・家庭における教育の理解と振興，子どもの園・学校外の生活指導など，社会教育活動を目的とする社会教育団体です。学校と家庭・地域をつなぐ役割をもち，学校の教育活動に協力しますが，学校運営協議会とはその役割，機能を異にするものです。

るようになりました。これらの評価を園・学校と家庭と地域のコミュニケーション・ツールとして活用することで，保護者や地域住民の理解と運営への参加を促し，開かれた園・学校づくりを進めていくことができるでしょう。また，乳幼児の教育機関・施設は私立などさまざまで，入園するしないも含めて選択の幅が大きいものです。子どものすこやかな成長のために，保護者にとって園の運営状況を評価を通して知る機会は大切です。

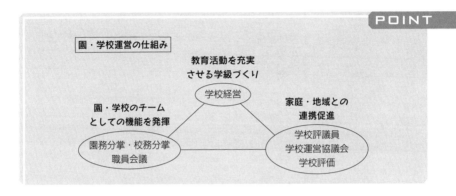

第3部
子ども教育の現代

PART 3

CHAPTER 9 気になる子の理解と対応——子どもの問題にどう向き合うか
10 子どもの育ちと学びをつなぐ——幼児期から児童期へ
11 これからの社会と子ども教育——どんな大人に育ってほしいか

CHAPTER 9

第 9 章

気になる子の理解と対応

子どもの問題にどう向き合うか

WHITEBOARD

- 気になる子が増加した背景にはどのようなことがあるのだろう
- どのような視点から子どもの問題をとらえればよいのだろう
- 子どもの問題の背景には何があるのだろう
- 問題を抱える子どもがいる場合,誰に対してどのような支援が必要になるのだろう
- よりよい支援を行うために必要なことはなんだろう

KEYWORDS

気になる子　小1プロブレム　発達障害　自閉症スペクトラム障害　注意欠如・多動性障害　限局性学習障害　虐待　特別支援教育　インクルージョン　ユニバーサルデザインの教育　二次障害　コンサルテーション　ヨコの連携　タテの連携

1 現代の子どもの育ちの問題

　少子化や地域のコミュニティの弱体化，経済格差の拡大に見られるように，日本の社会では近年，急速な変化が進行しています。これはとりもなおさず，子どもを取り巻く環境も変わりつつあることを意味します。子どもが同年齢・異年齢の仲間と遊ぶ機会や，親以外のさまざまな大人とかかわる機会は狭まっています。また，幼い子を世話する機会をもたないまま自身が親となり，初めての子育てに孤軍奮闘する親は少なくありません。子育てや子育ちの場にも情報端末や映像機器，ゲーム機が入り込み，本来は肌と肌を触れ合わせたり，身体を動かし，五感を通じて物に働きかけたり自然に触れたりすることが大切な時期に，親子や子ども同士で直接体験（人や物，自然に実際にかかわること）を共有することが減りつつあります。その一方で，間接体験（テレビなどの映像や本，人からの教示などによって学ぶこと）や疑似体験（シミュレーションなどを通じて模擬的に学ぶこと）は増え，子どもたちは，さまざまな人とともに生活を送るうえで必要とされる社会性を育むことが難しい環境に置かれています。
　こうした変化と相まって，園では保育に困難をともなう**気になる子**の増加が，また，学校では児童の立ち歩きや勝手な行動のために入学当初から授業が成立しない**小1プロブレム**（⇨第10章）や学級崩壊への対応が課題となっています。その背景には，環境変化による社会性の育ちの未熟さに加え，発達面での難しさ（発達障害）をもつ子どもの増加や家庭の教育力の低下があると考えられています。
　では，前出の「気になる子」とは，どのような子をさすのでしょうか。現時点で統一的な見解はありませんが，ここでは「保育者や教師が，発達面や行動面において気がかりな点があると考えており，特別な配慮を必要とする子ども」としておきます。気になる子には，発達障害をもつ子どもに加え，障害の診断はついていないけれども発達面・行動面で気がかりな点がある子ども，虐待などの不適切な養育を受けている子どもなども含まれます。また，気になる子という概念は，子どもを「気にする」保育者や教師のとらえ方を含んだ概念

Column ❼ 「障害」の表記について

新聞や本を開くと,「障害」「障碍」「障がい」など,複数の表記を目にします。「害」の字には「わざわい,不利益,さまたげとなるもの」(広辞苑)という意味があるため,「障害」に対してネガティブなイメージを抱かせることになる,あるいは当事者が不快に感じることがある,という理由から,現在ではこのようにさまざまな表記が使用されています。

以下は,さまざまな世代の障害のある人,ない人を対象に国が行った,アンケート調査の結果です。この結果を受けて,国の障がい者制度改革推進会議は,障害の表記については多様な考え方があり,新たに特定の表記に決定することは困難であるため,当面は現状の「障害」を用いる,としています。

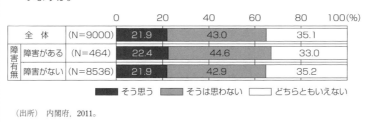

Q.「障害」の「害」の字はイメージが悪く障害者差別につながるので,「障害」の表記を改めるべきとの意見があります。この意見についてどう思いますか。

(出所) 内閣府, 2011。

表記をめぐる議論の背景にあるのは,障害のある人たちへの差別や偏見をなくし,障害のある人もない人も生きやすい社会にしていこう,という思いです。表記方法だけを変えても,障害に対する私たちの理解や意識が変わらなければ,その意味はありません。障害についてのさまざまな表記を目にしたときには,このことを思い出してほしいと思います。

であり,これには周囲の人たちとの関係性のなかで子どもの問題をとらえようとする姿勢が反映されています。

この章では,気になる子どもの行動の背景にある要因のなかから,発達障害を取り上げ,気になる子どもをどう理解し,彼らや彼らにかかわる人たちが抱える問題をめぐって,どのような対応が求められるのかを述べていきます。

> QUESTION
> 子どもの「問題」という場合，どのような様子や状態を思い浮かべますか。また，なぜそれが「問題」になるのでしょうか。

子どもの問題を読み解く

発達の視点から問題をとらえる

　子どもの「問題」という場合，何をもってそれが「問題」だといえるのでしょうか。どのような行動や様子を問題とするのかは，やさしいようで難しいことです。1〜2歳の子どもであれば，30分以上離席せず椅子に座っていることが難しいのはあたりまえのことです。しかし，これが6歳の子どもの場合はどうでしょうか。仲間同士でトラブルが生じたときにかんしゃくを起こしたり手を出したりするのは，1〜2歳児ではよくあることです。しかし，これが6歳の子どもだったらどうでしょうか。

　同じく6歳の子どもで考えてみましょう。家ではいつもいい子にしているけれども，学校に来ると些細なことでキレてしまう子どもがいたとしたら，これは問題になるでしょうか。また，授業中に離席することもなく私語をすることもないけれども，指示がないと行動せず，人から不快なことをされたりいわれたりしてもいい返さない子どもがいたとしたら，どうでしょうか。

　子どもの行動をどうとらえるかは，それがどの年齢で，いかなる状況で，どの程度の頻度で示されるのかによって違ってきます。さまざまな場面でのふるまいがその年齢にふさわしい姿であるかどうかが，それを「問題」としてとらえるべきか否かを判断する1つの目安になります。保育者や教師には，各年齢の標準的な発達や，さまざまな場面でのふるまい，それまでの育ちの様子などを踏まえて，子どもの行動を見ることが求められます。

誰にとっての問題か

子どものある行動や状態を「問題」として見ることが必要となるのは、誰かにとって困る状態が持続的に生じており、対応が求められるときです。では、園や学校では、誰にとって、どのようなことが問題になるのでしょう。

ここで、保育者が子どものどのような行動や特徴を「気になる」と考えているのかを見てみましょう。藤崎・木原（2010）による保育者への調査では、子どもの様子が気になり始めたきっかけとして多く挙げられていたのは「発達全般」での遅れであり、これに「落ちつきのなさ」「パニック」「乱暴」「家庭環境」が続いていました。また本郷ら（2003）は、保育者が「気になる」と答えた子どもの行動特徴を、「対人トラブル」「落ち着きのなさ」「状況への順応性の低さ」「ルール違反」「衝動性」に分類したうえで、これらの特徴が、集団場面で目立ちやすく、加齢とともに多く見られることを示しています。この結果は、「気になる子」は集団場面で困難を抱えやすく、それによって充実した生活や学びが妨げられていることを意味します。

「気になる」行動は、当人だけでなく他児を巻き込む問題へと発展することもあります。たとえば「落ち着きのなさ」は、当人に加え、他児が集中して遊びや学習に取り組むことを妨げたり、教師の授業運営を困難にしたりすることがあります。また、ある子どもが示す問題行動の背景には、それを誘発する他の不安定な子どもの存在があり、挑発する周囲の子どもへの配慮や支援もまた欠くことができません（浜谷ほか、2013）。このように考えると、当人だけでなく、周囲の子どもも保育者や教師も、同じ行動をめぐって困難を抱えている可能性があり、ゆえに支援を必要としている可能性があります。

システムの視点から問題をとらえる

気になる行動を示す子がいるとき、私たちはその子の行動を改めることによって問題の解決を図ろうと考えがちです。しかし、保育者がかかわり方を変えたり、教師が授業の仕方を変えたり、クラスの仲間関係が変わったりしたことなどをきっかけに、問題が改善することもあります。これは、問題が個人と周りの環境との相互作用から生み出されるものであることを物語っています。

子どもが生活を送る園や学校には，子ども同士，あるいは子どもと保育者や教師との1対1の関係だけでなく，仲間集団や学級集団など，さまざまな関係があります。また家庭にも，親子のみでなく，きょうだいや祖父母を含めた家族の成員間の関係など，さまざまな関係があります。さらに園や学校，家庭は，地域のなかに存在しています。気になる行動を示す子もまた，これらの関係や集団を構成する一員であり，これらの関係や集団の状態が，子どもの行動に影響を与えています。そのため，問題への対応を考えるにあたっては，気になる行動を示す子どもだけを見るのではなく，その子がかかわる関係や集団全体を見渡し，対応を検討することが必要です。

> **QUESTION**
>
> 　これは，ある幼稚園での年少組の2学期の様子です。Aちゃん，Bくんそれぞれの行動の背景にあるものは何かを考えてみましょう。また，もし支援が必要であるとすれば，誰に対して，どのような理由から，どういう支援が必要でしょうか。話し合ってみましょう。
>
> 　Aちゃんは物静かな女の子で，にこにこしていることが多く，他の子にちょっかいを出されたときにでも，怒ったり先生に訴えたりすることがありません。みんなで工作をしているときには，Aちゃんの手が止まっていることも多く，次の活動へと移るときには立ちすくんでいるような姿も見られます。しかし，新任である担任のS先生には余裕がなく，そうしたAちゃんの様子に気づいていないようです。Aちゃんの母親は，Aちゃんが園の先生や友達の名前を家で口にすることがないことを心配しています。
>
> 　一方，Bくんはとても活発な男の子です。楽しそうに遊んでいる友達を見ると，その子のところに嬉しそうに駆け寄り，いきなり抱きつくため，抱きつかれた友達が泣いてしまうこともあります。先生がみんなに紙芝居を読んでいるときには，立ち歩いていることが多いのですが，自分の好きな乗り物が出てくると紙芝居の前に立ちはだかって，S先生に話しかけ始めます。そのため組のなかに，Bくんのことをなんとなく避ける友達がでてきました。S先生はBくんに何度も注意をしますが，Bくんの行動が変わらないために困り果て，家庭でのしつけをもっとしっかりするよう，Bくんの親に伝えました。

3 発達障害を理解する

　子どもの問題の背景にある要因の1つに，個人の発達の特性である，発達障害を挙げることができます。実際のところ，保育者や教師が「気になる」とする子どもの特徴は，発達障害の症状と重複するところが多くあります。気になる行動を示す子どもが発達障害をもっているとは限りませんが，問題に対する見立てを的確に行い，子どもがどのような困り感を抱えているかを理解するには，発達障害に関する知識は欠かせません。

発達障害とは

　個人がもつ能力には凸凹（アンバランス）があり，誰にでも得意なことと不得意なことがあります。しかし，不得意さが自分の努力だけでは対処できないほどの困難を社会生活に生じさせている場合，発達障害の可能性を考える必要があります。

　発達障害★とは脳の機能障害（内山監修，2009）であり，そのために日常生活上，困難をきたす状態が生じます。発達障害をもつ人の脳の機能には，一般的な発達を遂げている人と生来的に異なるところがあり，情報を受け取り，理解したり，整理したり，関連づけたり，行動の計画を立てるという認知過程のどこかに偏りがあることがわかっています。

　主な発達障害には，**自閉症スペクトラム障害**，**注意欠如・多動性障害**，**限局性学習障害**があり★，多くは学童期以前に発現します。文部科学省（2012）によれば，通常学級に在籍する小・中学生のうち，知的発達に遅れはないが，学習面

---

note

★　発達障害の医学的診断は国際分類によっており，国内では米国精神医学会の診断分類であるDSMと，WHOの診断分類であるICD（国際疾病分類）が用いられています。同時に，国内には教育的定義（厚生労働省が発達障害者支援法で定めたもの）もあり，両者では発達障害のとらえ方が微妙に異なります。ここでは最新のDSM（DSM-5）による名称と定義を紹介しますが，読者には，子どもが発達上どのようなつまずきを抱えているのかという点から各障害を理解してもらいたいと思います。なお，DSM-5では，発達障害が「神経発達症群（もしくは，神経発達障害群）」と記述されるようになりましたが，現段階では「発達障害」という名称が広く浸透していることに鑑み，本章では「発達障害」という名称を用いることにしました。

または行動面で著しい困難を示すとされた児童生徒は約6.5％おり，発達障害をもっている可能性があると考えられています。以下，個々の障害の特徴を見ていきましょう。

自閉症スペクトラム障害（ASD：Autism Spectrum Disorder） ASDは社会性の発達にかかわる障害で，①人とのコミュニケーションが難しく，相互的な対人関係が苦手である，②行動や興味の幅が狭く限定され，パターン化されている，という特徴があり，さらに，感覚が過敏であるか，逆に過度に鈍感である，という特徴が見られることもあります。ただし，ASDと診断された子どもでも，コミュニケーションや社会性の障害，こだわりの程度はさまざまで，知的能力や言語能力に遅れをもつ子どももいれば，明らかな遅れをもたない子どももいます。

ASDの特徴である，人の気持ちや考えを理解することの難しさやこだわりの強さは，発達の各期に形を変えて現れます。たとえば幼児期には，人が興味や関心をもっている物事に同じように注意を向けることが難しいため，人に合わせて行動したり集団での活動に加わったりすることに難しさがあります。また，物や手順へのこだわりがあるため，予測していなかった事態や変化が起こるとパニックに陥りがちです。感覚に過敏さがある場合には，人から触れられることや着替えをいやがったり，音や光に過剰に反応したり，極端な偏食を示すこともあります。子ども同士のかかわりが盛んになる児童期には，状況や雰囲気，表情などから他者の感情を察することが難しかったり，相手や状況によらず思ったことをすぐに口にしたり，ルールの理解が難しかったり，ルールに強いこだわりをみせたりするために，対人関係でのトラブルを経験しがちです。

注意欠如・多動性障害（AD/HD：Attention-Deficit/Hyperactivity Disorder） 私たちは日常生活のなかで，自分が注意を向けるべき対象を選択して注意を集中させたり，状況に応じて注意を切り替えたり，前に見聞きしたことを踏まえて行動したりしています。しかし，そのようなことに難しさを

note
★ 教育的定義（発達障害者支援法〔2004年〕による）では，発達障害は「自閉症，アスペルガー症候群その他の広汎性発達障害，学習障害，注意欠陥多動性障害その他これに類する脳機能の障害であってその症状が通常低年齢において発現するもの」とされています。なお，自閉症，アスペルガー症候群，その他の広汎性発達障害はDSM-5での自閉症スペクトラム障害，注意欠陥／多動性障害は注意欠如・多動性障害，学習障害は限局性学習障害に相当します。

抱える人もいます。

　AD/HDは，多動性・衝動性（座っていても手足や身体を動かす，多弁，離席するなど／順番を待てない，他者の行動を中断させたり割り込んだりするなど）や不注意（注意の持続が難しい，注意散漫で話をきちんと聞いていないように見える，宿題などの課題が果たせない，忘れ物が多いなど）が，年齢に不相応に著しく認められる，注意や行動のコントロールにかかわる障害です。多動性・衝動性と不注意の両方が顕著な場合もあれば，いずれか一方のみが顕著な場合もあり，その特徴も年齢とともに変わっていきます。

　限局性学習障害（SLD：Specific Learning Disorder，以下SLDと略）
SLDは，知的な発達全般には遅れがないものの，読み，書き表現，算数または推論のいずれか，もしくはその複数に著しい困難がある状態をさします★。障害の現れ方はさまざまで，読みの障害には，単語を正確に読めない（文字と音とを結びつけられない），文を滑らかに読めない（一字一字区切って読む，単語の途中で区切って読むなど），読んでも内容が理解できないなどの症状があります。また，書き表現の障害には，文字や文章を早く正確に書くことが難しい，算数の障害には，記号や数の大小，位取りの理解が難しいなどの症状があります。

　SLDは，文字や計算の学習が本格的に始まる就学後に明らかになります。しかし，発達全般には遅れがなく，状態が人によって大きく異なるため，学習面での苦手さが障害によるものではなく，本人の努力不足によるものとみなされがちです。そのため，学習面での困難がSLDによるものとわかるまでに時間を要することも少なくありません。

発達障害と虐待

　発達障害の子どもがもつ特徴には，親からすると「育てにくい」と感じられるものが多くあります。たとえば，AD/HDをもつ子どもの場合には，何度注意しても行動が変わらなかったり，外に連れて行くと走り回ったり突然飛び出したりするため，親が対応に疲弊してしまうことが少なくありません。また，ASDをもつ子どもの場合には，人と行動や気持ちを共有することが難しいた

---
note

★　教育分野の学習障害の定義では，聞く，話すことの習得や使用の困難さも含まれます。

め，親は我が子と思いが通じた，という感覚をもちづらく，子どもが皆と同じふるまいをしないことが多くあるため，いらだちや不安を募らせがちです。さらに，発達障害は一見しただけではわかりづらいため，周りの人からは子どもの行動が障害によるものだと理解してもらいにくく，親のしつけがなっていないと責められたり，愛情が不足しているといわれたりすることもあります。このような理由から，親は子育てにおいて自責の念や孤独感をもちやすく，その結果，子どもへのかかわりが虐待的なものへと発展してしまうことがあります。

また，深刻な虐待を受けている子どものなかには，ASDやAD/HDのような特徴を示す子どもがいることがわかっています（杉山・辻井，2011）。他者とのかかわりの難しさや多動，落ち着きのなさが見られるとき，それが発達障害によるものであるのか，不適切な養育によるものであるのか，あるいはその両方によるものであるのかを判別することは難しいのですが，こうした行動の背景に不適切な養育がかかわっている可能性もあることを知っておいてください。

発達障害への誤解

発達障害をもつ子どもには，極端に苦手なことがある一方で，できることや得意なこともたくさんあります。また，発達障害の特性は集団場面では目立つものの，それ以外の場面ではそれほど目立ちません。そのため，発達障害をもっているかどうかは簡単にはわかりにくく，発達障害に対する誤解はいまだ多くあります。そこで，発達障害やその診断をめぐって，誤解を受けやすい点について述べておきます。

子どもに気になる行動や特徴が見られる場合，それが発達障害にあたるのかどうかが気になるのは（特に親であれば）当然のことでしょう。では，発達障害の診断は，何を基準として行われるのでしょうか。実のところ，発達障害の診断は（血糖値や血圧のように）客観的で絶対的な基準をもとに行われるわけではなく，診断は，行動観察や発達検査・知能検査などの結果から推測される，同年齢の子どもの平均像からの隔たりをもとに行われます。また，定型発達と発達障害の間には明確な境界が存在するわけではなく，症状の現れ方も年齢や周りの環境によって変わります。このように，発達障害の診断は本来絶対的なものではありません。診断名がつく，イコール，レッテルを貼ることだ，とネガ

ティブに受け取る人は少なくありませんが，気になる行動の背景に発達障害があることがわかり，適切な配慮や支援を受けられれば，障害にともなう困難を多少なりとも軽減できます。

なお，発達障害をもつ子どものなかには，ASDとAD/HDの特性を併せもつ子や，SLDとAD/HDの特性を併せもつ子も多く，同じ診断名がついていても1人ひとり状態は異なります。また，同じ子どもでも特性の現れ方は年齢とともに変わります。発達障害の中核的な特性は共通していますが，その現れ方は人によってさまざまに異なります。したがって，診断は受けさえすればよい，というものでもありません。診断を受けることを，子どもの特性を理解し，子どもがよりよい方向に進むきっかけ（田中，2004）の1つとして活用することが大切であるといえます。

最後に，発達障害が生来的な脳の機能障害である，ということは，障害の特性とされる行動は，親のかかわり方や当人の努力の有無によるものでも，当人が故意に起こしているのでもないことを意味します。発達障害をもつ子どもが示す問題行動の多くは，特性が周りに理解されない，適切な支援が受けられないなど，ストレスが強い環境下での不安や混乱から引き起こされます（内山監修，2009）。問題とされる行動の背後に何があるのかを考え，適切な対応ができれば，行動の現れ方は変えられるのです。

POINT

環境：人的環境（保育者・教師，クラスメート，学級集団，親）・物理的環境

・状態や特性の現れ方は人によって異なり，年齢や環境によっても変わる
・ストレスフルな環境下では，発達障害にともなう問題が現れやすい

生来的な脳の機能障害としての発達障害（ASD，AD/HD，SLD）

気になる子どもをめぐる支援──インクルーシブな支援を目指して

発達障害が一般にも認知され始め，発達障害の診断を受ける人が増えてきたことや，それまで発達障害に対して十分な支援がされてこなかったことを踏まえ，国内では2005年に「発達障害者支援法」が施行され，2007年度には「特

別支援教育」が始まりました。これを機に園や学校には，（障害の有無にかかわらず）特別な配慮を要する子どもが，その子の発達状態や教育的ニーズに応じた教育を受けられるよう，家庭や医療・福祉などの関係機関と連携して，必要な支援を計画的かつ持続的に行うことが求められるようになりました。

　これと並行して園や学校では，**インクルージョン**（包括）と**ユニバーサルデザイン**の考えが重視されてきています。インクルージョンの考えの背景には，障害のある人とない人とがともに生きる社会を目指す，という理念があります。園や学校は多様な支援ニーズをもつ子どもが生活する場です。ゆえに，子ども1人ひとりの状態やニーズに応じた支援をつくり上げていこう，というのがインクルージョンの考えです。なお，ここでのニーズとは，保育者や教師の側の必要感（保育者や教師が身につけさせたいと思うこと）ではなく，子ども主体のニーズ，すなわち，子ども本人が取り組みたい活動や，それによって生活や学習がさらに充実するような，子ども自身の必要感に基づくものをいいます（太田，2007）。

　また，ユニバーサルデザインの理念による教育とは，学級が多様な児童から構成され，ともに学んでいる場であるという前提のもと，誰にでも学びやすい指導や授業をしようとする試み（柘植，2014）をさします。これまでの保育や教育では，障害をもたない子どもを中心に組み立てられた保育や教育の場に，特別な支援を要する子どもを受け入れ，彼らの側がそれに適応することを求めてきました。これに対し，ユニバーサルデザインの教育では，どの子どもも過ごしやすい学級生活と，わかりやすい授業の実現が目指されます。そこでは，特別なニーズを要する子どもへの支援が他児にとっても有効である，すなわち，どの子どもにも「あると便利で・役に立ち」，特別な支援ニーズをもつ子どもには「ないと困る」支援（佐藤，2007）こそが，目指されるべき支援であるとされます。

　このような考えを踏まえ，ここでは「気になる子への個別的支援」，気になる子と生活をともにする「他児への支援」，「学級全体への支援」の3つについて述べます。

気になる子への個別的な支援

　気になる子が抱えている不得意さは，その子の数ある特性の1つにすぎませんが，その特性のために困難や生きづらさが生じている場合には，支援が必要となります。その際には，悪いところを治す・障害を受けている機能の向上を目指すといった，医学モデルにのっとった支援のみでなく，障害の状態を考慮しながら活動・参加の広がりや深まりを重視し，生活の質を高めることを目指す，生活モデルにのっとった支援が目指されるべきでしょう（北原，2013）。本人の苦手な面を訓練などで伸ばし，本人が周りに適応していくことも大切ですが，同時に，得意なことや発達の進んでいる面を伸ばすことで日々の生活を楽しく，充実したものにすることや，本人の困難や生きづらさを軽減すべく，周りが対応を工夫したり環境を調整したりすることも大切です。

　個別的な支援を考えるにあたっては，その子が生活のなかでどのような困難を抱えているのかを理解し，特性に応じたかかわりをしていくことが重要です。特に発達障害をもつ子どもは，特定のこと（ASDであれば人とのかかわり方，AD/HDであれば注意の向け方やコントロールの仕方など）に苦手さをもっています。これは，そのことの学び方が個性的であることを意味しており，教える側にはその子の学び方に合った工夫が求められることになります（杉山・辻井，2011）。どのような教え方がその子どもに合うのかは，細かく見れば1人ひとり異なるのですが，発達障害に共通する特徴として，情報処理過程のどこかにつまずきがある，ということが挙げられます。したがって，発達障害をもつ子どもに何かを教える際には，情報を目に見えやすい形で，シンプルにはっきりと伝えることが効果的です。また，問題とされる行動がストレス下で生じやすいことに鑑みると，周りの環境を調整することも同じく重要になります。かかわり方のポイントを**表**9.1に示したので，参考にしてください。

　このほか，気になる子への対応として，園では，気分の安定を図る（本人の気持ちを受けとめる，落ち着かせ気分転換をさせるなど），ほめる，環境への配慮（席の場所を考慮するなど），遊びの機会づくり（他の子たちとの遊びの機会を増やす，遊びに誘うなど）などの実践が行われています（本郷ほか，2003；松永，2013）。また，小学校では，授業中の個別指導のほか，肯定的な言葉をかける，ルールを

| CHART 表9.1 | 発達障害（主に ASD, AD/HD）をもつ子どもへの支援のポイント |

> **視覚に訴える：**
>   耳で聞いたことばだけでは理解が難しかったり伝わりづらかったりするので，絵や写真などを利用して，視覚的な手がかりがあると伝わりやすい。
> **見通しをもてるように：**
>   いつもと流れが違うと不安からパニックになることがあるため，予定の変更などが生じるときにはあらかじめ伝え，見通しをもてるようにしておく。
> **伝えるときは，はっきりとわかりやすく：**
>   よいこと，悪いことははっきりと具体的なことばで伝え，望ましい行動ができたら，そのつどほめるのが効果的である。くどくどと説明したり，叱ったりすることはあまり効果的ではない。
> **刺激の少ない，落ち着ける環境を：**
>   光，音，動く物など，外界からの刺激に反応し，注意がさまざまなところに向きやすいので，刺激があまり入らない，集中できる環境があるとよい。また，パニックになったときは，刺激が少ない，1人で落ち着ける場所があるとよい。

個別に設定する，環境への配慮（グループ編成の配慮や別室の確保など）などの対応がとられています（村田・松崎，2009）。

　もう1つ重要であるのが，**二次障害**の予防です。気になる子においては，ルールを守れない，おしゃべりや忘れ物をするなどの行動や態度が目立ち，集団のなかで皆と同じようにふるまえないことが相対的に多くみられます。その背景に発達障害があることが認識されていなかったり，発達障害に対して誤った理解がなされていたりすると，これらの行動が本人の怠けやわがままによるものと受け取られ，皆と同じ行動を強いられたり，非難や叱責を受けたり，いじめの標的にされることもあります。度重なる非難や叱責，失敗経験によって本人が自信や意欲を失うと，それがさらに別の問題（不登校やひきこもり，非行など）へと発展することがあります。こうした問題は，障害本来の特性ではなく，障害のために副次的に引き起こされるものであることから，二次障害と呼ばれています。自尊心や自己肯定感の低下による二次障害を予防するには，障害に関する知識と理解を周りがもつことや，本人が得意なことや好きなことに取り組み，周りから認められる機会があること，またそれによって達成感や充実感を得られることが重要です。

他児への支援

　特別な配慮が必要な子どもは，先生から個別的な対応を受けることが相対的

に多くなるため，そのことに対して不公平感や差別意識をもつ子どもがでてきます。また，その子どもがパニックや乱暴な行動を示したときに，どう対応すればよいのか，戸惑う子どもも少なくありません。他児への配慮として，その子の特性や行動の意味を理解できるよう，発達段階に応じて伝えることや，具体的な接し方を伝えることが時として必要になります。大人が間に入って双方の思いを伝えることで，特別な配慮を要する子どももまた学級の一員である，という意識をもてるようになると，子ども同士のかかわりが充実し，ひいてはそれが学級集団としての成長にもつながっていきます。

学級全体への支援

　特別な配慮が必要な子にとってわかりやすい授業や環境は，他の子どもたちにとってもわかりやすいものです。発達障害をもつ子どもをはじめ，さまざまな支援を要する子どもがいる通常学級では，学級全体への配慮として，授業や学習環境をわかりやすいものに「構造化」する★，伝えたいことがわかりやすいよう「視覚的サポート」を利用する，「見通しや手順を示す」，「肯定的な言葉かけ」を行う，「認め合う場を設定」するなどの工夫が行われています（村田・松崎, 2009）。「構造化」「視覚的サポート」「見通しや手順を示す」などは，配慮を要する子どもへの個別的な対応としてこれまでも行われてきたものですが，これらは他の子どもにとっても効果的な対応であるといえます。また，教師が肯定的な言葉かけを行い，認め合う場を設定することは，大人から認められている，自分は大切にされている，という安心感を子どもたち全員にもたらすだけでなく，気になる子を含む子ども同士の関係づくりを円滑にし，1人ひとりの自己肯定感を高めることにもつながります。

連携のうえに成り立つ支援

　ここまで，気になる子どもにかかわる支援として，さまざまな人に対して，さまざまな支援が必要であることを見てきました。しかし，これらを1人の保育者や教師が担うには限界があります。そこで，保育者や教師を支える仕組み

---- note

★　構造化の例として，いつ，何をするのかをわかりやすく指示する，教室内の物の配置や置き場所を一定にする，教室内のどこで何をする場所であるのかを一目でわかるようにしておく，などが挙げられます。

CHART 図9.1 連携による小学校内での支援

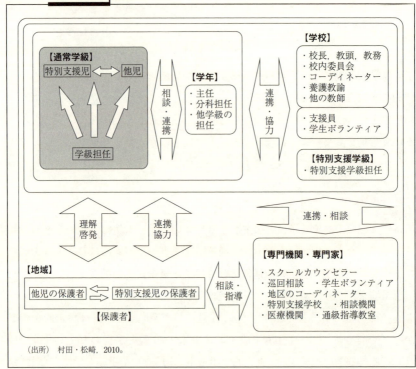

(出所) 村田・松崎, 2010。

が必要となります。園や学校全体で取り組み、家庭も含む地域と連携してはじめて、効果的な支援が可能になるのです（別府, 2013）。そこで提唱されているのが、**コンサルテーション**のシステムです。

ここでいうコンサルテーションとは「異なった専門性や役割を持つ者同士が子どもの問題状況について検討し、今後の援助のあり方について、話し合うプロセス」（石隈, 1999）をさします。保育園や幼稚園では以前から、保健センターや療育機関などと情報交換をしたり、心理発達の専門家による巡回相談を利用したりするなどの形で連携が取られてきました。また、現在各学校には、校内委員会と特別支援教育コーディネーターと呼ばれる教員を置くことがすすめられており、コーディネーターが窓口となって、巡回相談員や専門家チームを活用した学校コンサルテーションが推進されています（図9.1）。

---
note
★ 全校的に障害をもつ児童の実態把握や支援方策の検討を行うために設置される委員会。

また，気になる子どもへの支援を考える際には，家庭との連携が極めて重要になります。わが子に育てにくさを感じている親にとっては，ともに子どもの育ちを見守り，具体的なかかわり方を考えてくれる人がいることが，大きな励みと支えになります。一方で，親は集団での子どもの様子を目にすることが少ないため，わが子が園や学校で抱えている困難を理解しがたい場合もあります。保育者や教師は，子どもの優れたところや成長した面も伝えつつ，子どもがいま何に困っているのかを子どもの視点から伝えることで，子どもの育ちをともに支えようとしていることが親に伝わるようにしたいものです。

　最後に，子どもの発達は続いていくものであることを踏まえると，上で述べたような**ヨコの連携**だけではなく，**タテの連携**も必要です。配慮が必要な子どもについて，乳幼児期から小学校，小学校の低学年，中学年，高学年という各段階における情報を引き継ぎながら，各発達の段階に応じた，切れ目のない支援が行われることが望まれます。

POINT

インクルージョン	：多様な支援ニーズをもつ1人ひとりの状態に応じた支援を目指す
ユニバーサルデザイン	：どの子にも「あると便利で・役に立つ」，特別な支援ニーズをもつ子には「ないと困る」支援
2つの連携　ヨコの連携	：異なる専門性や役割をもつ者が連携して子どもの問題に取り組む（コンサルテーションシステム）
タテの連携	：発達段階に応じた切れ目のない支援

QUESTION

　2つめのQUESTION（174ページ）の事例を再度読み，誰に対して，どのような支援が必要であるかを，改めて考えてみましょう。

CHAPTER

第 10 章

子どもの育ちと学びをつなぐ

幼児期から児童期へ

WHITEBOARD

- なぜ幼児期の教育と小学校教育をつなぐのだろう
- 幼児期の教育と児童期の教育の違いはなんだろう
- 幼児期の教育と小学校教育をどうやってつなげばよいだろう

KEYWORDS

幼児期の教育と小学校教育の連携・接続　小1プロブレム　段差　スタートカリキュラム　アプローチカリキュラム　協同的な学び　接続期　幼小の教育の連続性と一貫性　学びの基礎力の育成　3つの自立　学力の3つの要素　学びの芽生え　自覚的な学び　人とのかかわり　ものとのかかわり

1 なぜ、幼小をつなぐのか？

> **QUESTION**
> みなさんは，小学校に入学したときのことを覚えているでしょうか。どんなことが楽しみでしたか？ もしくは，どんなことが心配でしたか？ はじめての教室で驚いたことや困ったこともあるでしょう。1年生の自分に戻ったつもりで，思い出してみましょう。

幼児期の教育と小学校教育の連携と接続（幼小連携，幼小接続）が，今日的な課題となっています。その背景には，質の高い教育への関心と小1プロブレムの問題があります。それぞれについて見ていきましょう。

| 質の高い教育を求めて |

日本では，1970年代から幼児期の後半と小学校低学年の教育をつなぐ教育の方法や内容が検討されてきました。それは，子どもの発達が心身ともに早まる傾向に対応し，幼児期から児童期の教育を拡充するためです。1989年の小学校学習指導要領で新たに置かれた生活科は，それまでの検討の成果ともいえます。

その後，幼小の連携と接続が，国の教育政策として取り組まれるようになりました。先進国の間で教育改革が競争化するなかで，さまざまな国々が幼小の問題を取り上げています。

なぜ，幼小の問題が先進国の関心を集めるのでしょう。みなさんは，国際的な学力調査が行われ，その結果が国ごとの順位で出されているのを知っていますか。★これは，学力の国際的な優劣を示すものになっています。そこで，学力をはじめとする質の高い教育を実現するために，多くの国々が学力向上のため

---
note
★ 代表的な学力調査として OECD の PISA（Programme for International Student Assessment：生徒の学習到達度調査）があります。これは，読解力，数学的リテラシー，科学的リテラシーの3分野について学習到達度を明らかにする調査です。15歳を対象に，3年ごとに行われています。

の政策に力を注ぐようになりました。こうした流れが，義務教育だけをよくするのではなく，就学前の教育を含めて改革する動きを生みだしています。つまり，よりよい保育を実現し，その成果を小学校でも維持・発展させる仕組みづくりに関心が向けられるようになったのです。

小1プロブレム

また，日本では，1990年代後半から**小1プロブレム**が問題になったという背景もあります。小1プロブレムは，小学1年生で，集団行動がとれない，座っていられない，先生の話を聞かないなど，授業のうまくいかない状態が数カ月にわたって続くことをいいます。小1プロブレムは，はじめは高学年の「学級崩壊」が低年齢化したものと見られていました。けれども，幼児期の育ちや保育もかかわっていることから，1年生に特有のものと考えられるようになりました。

小1プロブレムは，どのくらい生じているのでしょうか。東京都は，小1プロブレムの実態を調査しています（2011年度）。その結果，小学校の19.0％で1年生の不適応状況が見られました。およそ5校に1校の割合で小1プロブレムが起こっていることになり，けっして少なくない発生率です。この調査からは，1年生で不適応状況が現れると，2年生まで続いたり，再発をくり返したりする可能性が高いこともわかりました。

小1プロブレムは，学級集団による教育という学校のはたらきを，長い期間にわたり不完全なものにしてしまいます。こうした危機感から，小1プロブレムを予防するために，幼小の連携が必要だと考えられるようになったのです。

では，小1プロブレムはなぜ起こるのでしょうか。その原因は，子どもの自由を尊重する保育にあるといわれていました（尾木，1999）。園で好きなことをしてきた子どもたちが，小学校のルールを守ることができないという見方です。また，子どもの育ちが未熟だということも原因とされてきました（新保，2001）。小学校に入学する前の子どもに，十分な社会性が身についていないというのです。

やがて小1プロブレムについて検討されていくと，次の2つが大きな原因と見られるようになりました。1つは，幼児期の教育と小学校教育のそれぞれの

仕組み（システム）の違いが大きいことです。もう1つは，園と小学校の連携の不足です。これらについて，次の節で詳しく見ていきましょう。

POINT

幼小の連携・接続の背景

先進国で進む教育改革	幼小のシステムの違い・幼小の連携不足
⇩	⇩
質の高い教育への関心	小1プロブレムへの対応

教育の段差はなぜできるのか

幼小の違いって？

> **QUESTION**
> 幼稚園・保育所・認定こども園の保育と小学校の教育の違いは何でしょうか。1日の生活の流れや子どもの身のまわりのもの，子どもと先生の関係など，なるべく具体的に考えてみましょう。

幼児期の教育と小学校教育は，どのように違うのでしょうか。

幼児期は，子どもの自発的な活動としての遊びが大切にされ，保育者は1人ひとりの興味にそって環境を用意します。保育室には，積み木やままごとなどのコーナーがあり，子どもは好きな場所で遊ぶことができます。片づけの時間でも，ある子どもには遊びを続けることが必要と思えば，保育者は子どもに応じた適切なかかわりを工夫します。

ところが，小学校にあがるとどうでしょう。机は黒板に向いて並んでいますし，子どもは授業中すわっていなければなりません。子どもの生活や学習は，時間割や教科書，教師の指導によって全員に同じように進んでいきます。

---
note
★ 小1プロブレムの原因には，ほかにも，特別な支援を必要とする子ども（⇨第9章）子どもの生活リズムの乱れ，教師の力量不足，学校内外の連携不足などが挙げられています。

　園から小学校にあがるとき，生活や学習の進め方，教室の環境やルール，指導の方法は大きく変わります。このような幼小の変わり目での変化を，教育の「**段差**」と呼んでいます。
　こうした段差は，なぜ生まれるのでしょう。幼児期の教育と小学校教育のそれぞれの仕組み（システム）から見ると，次のような違いがあります。

　①教育のねらい・目標……幼児期では，「〜を味わう」「〜しようとする」などの心情・意欲・態度を含む資質・能力が，保育のねらいに含まれます。それらの表れ方は，子どもによってさまざまであることも尊重されています。
　小学校では，「〜がわかる」「〜ができる」など，理解や技能の到達するところが授業の目標となります。評価をするときは，主に点数で目標にたどりついたかどうかが判断されます。
　②教育課程……幼児期は，1人ひとりの日々の生活や興味のある活動をもとに，保育者は保育の内容を考えて計画を立てています。このため，子どもや園，地域の実情に応じて，さまざまなカリキュラムがつくられています。
　小学校では，国語や算数などの教科ごとに，順序立てて，効率的に知識や技能を子どもに伝えるようにしています。教育の内容は，「学習指導要領」で学年ごとに決められているので，内容の過不足がないように計画が立てられます。
　③教育の方法……幼児期は，子どもが環境にかかわって生みだす遊びや活動を通して，発達に必要な経験を得られるようにしています（遊びを通じた総合的な指導⇨第**1**章，環境を通した教育⇨第**2**章）。「秋の季節を感じる」ことでも，トンボとりだったり，落ち葉ひろいだったりと，子どもによる活動の違いが大切

にされています。保育者には，学級や学年での指導だけでなく，1人ひとりや遊び集団に応じて柔軟に指導することが求められています。

小学校では，教科書を見ればわかるように，教科ごとに学習の内容や教材がならんでいます。低学年では，生活科を除けば，子どもは基本的に同じ授業で同じ活動をすることが普通です。教師は，子どもを小グループに分けて指導もしますが，どちらかといえば，学級や学年ごとに一斉に教えるほうが多いでしょう。

こうした違いによる幼小間の段差が大きいほど，小学校に入学した子どもたちの不安や戸惑いも生じやすくなります。新1年生の小学校生活への適応には，数カ月から1年くらいの時間が必要で，その間に子どもには大きなストレスがかかっています（深田，2001）。そこで，幼児期の教育から小学校教育へ無理なく移れるように，段差をゆるやかにする連携や接続のあり方が考えられるようになりました。

POINT

幼小の違い

	幼稚園・保育所・認定こども園	小学校
ねらい・目標	「〜を感じる」などの方向づけ	「〜ができる」などの到達度
教育課程	1人ひとりの経験を重視	教科の体系を重視
教育の方法	遊びを中心とする指導 環境を通した教育	教科ごとの内容を指導 教科書中心

園と小学校の関係は？

幼小の間に段差があることは，これまでも経験的にわかっていたことでした。小1プロブレムが注目されると，段差をそのままにしていた園と小学校の関係も問題になりました。

そこでは，互いの教育に関心を向けてこなかった保育者と教師の意識も問題視されています。佐々木ほか（2004）は，保育者は，子どもが小学校にあがれば「あとはお任せ」になり，教師は，幼児期の教育歴や発達，個性を「無視」して「一律の枠」で考えてしまうといいます。そして，こうした幼小のとぎれ

た関係の「狭間に落ち込んだ子どもたちの混乱と困惑」が，小1プロブレムを引き起こしているとしています。

いくつかの調査から，幼小の連携不足は，小1プロブレムの原因として重視されるようになりました。たとえば，小学校の学級崩壊を調査した報告書「学級経営をめぐる問題の現状とその対応」(2000) も，「学級がうまく機能しない状況」のケースの1つとして，幼稚園と小学校の教員間の連携・協力が不足している事例を紹介しています。

けれども，幼小の連携や接続を図る取り組みは，そう簡単ではありませんでした。文部科学省 (2010) は，都道府県・市町村教育委員会に対する調査で次のことを明らかにしました。ほとんどの教育委員会が幼小接続の重要性を理解していましたが，幼小接続に取り組んでいた教育委員会は3割もありませんでした。その理由には，「接続関係を具体的にすることが難しい」「幼小の教育の違いについて十分理解・意識していない」「接続した教育課程の編成に積極的ではない」が多く挙がっています。こうしたことから，幼小の接続を進めるために，実際的な方法が考えられるようになりました。その方法については，次の節で説明していきましょう。

幼小の連携・接続に向けて

> QUESTION
> 幼小の連携や接続をテーマとする教育実践を，教育関係の本や雑誌，園・学校の実践報告書，インターネットなどで調べてみましょう。みなさんの興味のある実践について，どういうところがよいと思うか，どんな工夫がなされているか，どんな成果が報告されているかなどをまとめましょう。

文部科学省は，幼小の連携・接続を具体的に進めるための考え方や方法を示しています。主に，さまざまな交流，カリキュラムの工夫，協同的な学び，接続のための教育の体系化です。それぞれについて，具体的に見てみましょう。

さまざまな交流──教育者，子ども，親

　幼稚園・保育所・こども園から小学校に入学するとき，子どもは緊張しながらも，新しいことに挑戦し，自分のものにしていこうとします。幼小のある程度の段差は，子どもの成長にとって必要なことでもあるのです。そのうえで，幼児期の遊びを中心とした生活から，児童期の学習を中心とする生活へなめらかに移行していくには，幼小の交流が欠かせません。幼小の交流は，保育者と教師がつながること，子ども同士がつながること，親同士がつながることの3つから考えられています。

　保育者と教師には，子ども自身が段差を乗り越えて成長できるよう，支えることが求められています。そのためには，保育者と教師が十分に交流して，互いの子どもや教育について理解を深め合うことが大切になります。ですから，1日限りの行事的な研修では不十分です。定例的な会議や合同の校内研修などを開くようにして，日常的に情報を交換し，交流し続けていくことが必要なのです。

　子ども同士の交流は，幼児にとって，小学校生活について知り，自らの成長への期待をふくらませる機会になります。また，児童にとっては，幼い相手を思いやったり，自らの成長の喜びを体験したりする機会になります。取り組みとしては，運動会・学芸会・遠足などの合同行事や，園庭・校庭の相互開放・合同給食などの日常的な合同活動，保育や授業への相互参加が行われています。幼児が，低学年の児童だけではなく，中学年や高学年の児童ともつながると，異年齢のさまざまなかかわりを体験することができます。

　子どもだけでなく，親も入学の時期には不安になり戸惑いますし，園と小学校の段差を乗り越えなければなりません。幼小の親同士の交流は，幼児の親の不安感やいきすぎた期待をやわらげ，小学校教育への理解を得ることにつながります。取り組みとしては，園と小学校の合同の保護者会や講演会・シンポジウムの開催，幼小の合同行事での交流やPTA活動の交流などが行われています。

　こうした保育者と教師，幼児と児童，幼小の親同士の交流は，どちらか一方の利益になるのではなく，互いの学びや育ちのよい機会になるようにしていく

> **Column ❽ 子ども同士をつなぐ**
>
> 　子ども同士の交流は，幼児と児童の学年に応じていろいろ工夫されています。
> 　たとえば5歳児と2年生では，児童が生活科で学校探検をした経験をいかして，幼児に学校のさまざまな場所を案内する実践があります。児童は幼児と手をつなぎながら，「ふん水のある池」や「大きな鍋のある給食室」など，自分たちのとっておきの場所を紹介してまわります。このあと，幼児には「学校に行くのが楽しみになった」「もっとお兄さんたちと遊びたい」と，学校に親しみを感じる様子が見られました。幼児の親からは，「うれしそうに学校の話をしていて，安心した」という声がよせられています。児童からは，「よろこんでもらえてよかった」「入学したらお世話してあげたい」という声があがり，自分の成長を感じる機会になったことがうかがえます。
> 　5歳児と5年生では，1年間を通して学校のまわりを一緒に掃除するクリーン・デー，幼児と児童のペアによる絵本の読み聞かせ会や配膳，片づけもする給食体験の実践があります。次の年度には小学校の1年生と6年生になることを見通して，互いに親しみのある関係をつくることが活動のねらいとしてあるのです。
> 　子ども同士の交流では，交流が楽しいだけのイベントになるのではなく，それぞれの子どもの発達に必要な経験の場，互いの学び合いの場になるようにするとよいでしょう。そのためには，交流の目的をしっかりともち，交流の前後の生活や活動とのつながりを意識して体験を深めるようにしていきます。幼児と児童が日常的に交流するためにも，保育や授業の計画を前もって調整して，年間計画に交流を位置づけることも必要になります。

ことがとても大切です。

スタートカリキュラムとアプローチカリキュラム

　園で遊びを中心に生活してきた子どもにとって，小学校で教科ごとの授業に慣れるには，それなりの時間が必要です。そこで，入学後いきなり教科の授業をつめ込むのではなく，園での生活に近いものから，少しずつ小学校の生活に適応できるようなカリキュラムの工夫をします。これを，**スタートカリキュラム**といいます（表10.1）。
　スタートカリキュラムでは，入学してからしばらくは，さまざまな教科の内

CHART 表 10.1　スタートカリキュラムの例

	4月6日（水）	4月7日（木）	4月8日（金）
ねらい		第1週　がっこうだいすき	
朝活動		手遊び	・みんなで歌おう（音楽）
1	入学式	・仲間づくりゲーム（学級）	
2		・いろいろな場所を知ろう・見つけたものを話そう（生活・国語）	・学校に行こう・通学路で見つけたものを話そう（生活・国語）
3		・好きなものをかこう・帰りの支度をしよう（図工・生活）	・学校の決まりを知ろう（道徳）
4		下校	下校

容を取り入れて授業を組み立てます。遊びという総合的な活動に親しんできた子どもが，なじみのある生活から小学校生活をスタートできるように配慮しているのです。

　たとえば，4月のはじめには，学校を探検する生活科の学習を中心に，国語，音楽，図画工作などの内容を合科的（各教科の教育内容を統合して教えること）に取り入れます。こうすると，子どもが幼児期の活動や経験を生かすことができ，自分のやりたい活動をゆるやかな時間のなかで進めていくことができます。もともと子どもの体験を大切にする生活科は，スタートカリキュラムの核になる教科でもあります。

　近年，スタートカリキュラムと対で，園の年長児後半のカリキュラムを**アプローチカリキュラム**ということがあります。アプローチカリキュラムは，幼児期の教育の成果を小学校教育につなげることを目的とするものです。幼児期の終わりまでに育ってほしいことを明らかにして，それらを1人ひとりに即して育てるための手だてとなります。ただし，アプローチカリキュラムは，入学準備のために小学校の教育内容を先取りするものではありません。あくまでも，就学前までの幼児期にふさわしい内容にすることが大切です。

QUESTION

この図は，幼小の接続の状況を文部科学省が調査したものです（2012年度）。この図から，幼小の連携・接続の状況について，どのようなことがわかるでしょうか。また，その理由を考えて話し合ってみましょう。

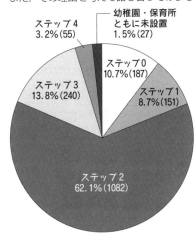

連携から接続へと発展する過程のおおまかな目安（幼児期の教育と小学校教育の円滑な接続の在り方について〔平成22年11月11日 幼児期の教育と小学校教育の円滑な接続の在り方に関する調査研究協力者会議〕）。

ステップ0：連携の予定・計画がまだない。
ステップ1：連携・接続に着手したいが，まだ検討中である。
ステップ2：年数回の授業，行事，研究会などの交流があるが，接続を見通した教育課程の編成・実施は行われていない。
ステップ3：授業，行事，研究会などの交流が充実し，接続を見通した教育課程の編成・実施が行われている。
ステップ4：接続を見通して編成・実施された教育課程について，実施結果を踏まえ，さらによりよいものとなるよう検討が行われている。

（注）　母数：市町村総数。（　）内は市町村数。
（出所）　文部科学省「平成24年度 幼児教育実態調査」。

協同的な学び

　幼児期の教育は，豊かな知性と人間性，健康な体を育むために，学習の基盤を培い，義務教育とその後の教育の基礎をつくるものです。学習の基盤につながる教育活動を考えたとき，その1つとして示されたのが幼児期の「**協同的な学び★**」です（⇨第**2**章）。

　小学校にあがる前の5歳児について，協同的な学びの姿を考えてみましょう。ここでいう「協同」は，ただ一緒に同じ活動をしているという意味ではありません。協同的な学びは，「幼児どうしが，教師の援助の下で，共通の目的・挑戦的な課題など，一つの目標を作り出し，協力工夫して解決していく活動」と

―――― note

★　幼児期は遊びを通して学ぶという考えから，「協同的な遊び」という言い方もあります。

されています（中央教育審議会，2005）。「海」をテーマにした劇づくりを例にしても，グループや個人によって，ダンスでワカメを表現したり，段ボールで船をつくったり，水中メガネをかけてダイバーになったりと，多彩な活動が見られます。それぞれの活動が劇としてまとめあげられて，1人ひとりの個性的な体験や，仲間と共有の体験が積み重ねられていきます。

　こうした活動では，人を信頼する気持ちや相手の話を聴く態度を育てること，言葉で経験を交流させていくことが重視されています。また，幼児期の協同的な学びは，自発的な活動としての遊びや生活のなかから生まれてきます。そこで，5歳児だけではなく，3歳児・4歳児からの育ちを踏まえて，幼児期の教育全体を豊かにすることが大切です。

　幼児期の協同的な学びは，小学校に引きつがれ，学級を中心とする学習活動へ発展していきます。小学校では，生活科や総合的な学習の時間，教科などを中心とした授業で，幼児期の経験を踏まえた協同的な学びを考えましょう。

幼児期から児童期の教育をつなぐ

　幼児期から児童期の教育をつなぐため，実践の試みを重ねるだけでなく，教育の体系も考えられました。幼小の教育がそれぞれ接続を意識する期間（**接続期**）に，子どもの発達や学びをしっかりとつなげていくためです。これまでみてきたように，幼小には「遊びを通した総合的な指導」と「教科指導」などの違いがあります。こうした違いは，子どもの発達に応じた教育のためにも必要なものです。そのうえで，**幼小の教育の連続性と一貫性**を理解していくことが求められています。

　文部科学省（2010）は，幼小を体系的につなぐために3段階の構造を示しています。「教育の目的・目標」→「教育課程」→「教育活動」という段階です。それぞれの段階で，幼小のつながりは，どのようにとらえられているでしょうか。

・教育の目的・目標……わが国の教育は，「人格の完成」を目指すことを目的としています★。もちろん，幼小の教育もこの目的に向かっています。そのため，

---
note
★　教育基本法第1条の条文を見ましょう。

幼児期は義務教育とその後の教育の基礎を培い，児童期は義務教育のうち基礎的なものをほどこすとされています。さらに，学校教育法で幼小の教育の目標を見ると，**「学びの基礎力の育成」**という1つのつながりでとらえることができます。★

・教育課程……教育課程で幼小をつなぐには，どちらかが相手に合わせるのではないことに注意しなければなりません。互いの教育を見通して，子どもの発達によって教育課程の考え方や指導方法が違うことを踏まえ，それぞれの教育を充実させるように配慮します。

　教育課程を考えるとき，幼児期から低学年にかけては，**「3つの自立」**（学びの自立，生活上の自立，精神的な自立）の基礎を養うようにします。★児童期以降では，**「学力の3つの要素」**（基礎的な知識・技能，課題解決のために必要な思考力・判断力・表現力等，主体的に取り組む態度）を育んでいくようにします。「3つの自立」と「学力の3つの要素」を培うことで，学びの基礎力が育つように教育課程を構想するのです。

・教育活動……幼児期は**学びの芽生え**の時期，児童期は**自覚的な学び**の時期とされています。遊びのなかで学ぶ，教科の授業で学ぶという違いはあるものの，双方に共通の教育活動を充実させるようにします。共通の教育活動とは，直接的で具体的な対象とのかかわりです。特に，**「人とのかかわり」「ものとのかかわり」**を考えます。

　子どもの人やものとのかかわりを支えるものとして，言葉や表現はとても重要です。そこで保育者と教師は，言葉や表現を通して，子どもが気づきや考えを深められるよう，指導・援助することを心がけるようにします。

　幼小の接続では，こうした考え方を保育者と教師が理解し合い，日々の連携

----note

★　学校教育法第21条，第22条，第23条，第29条の条文を見ましょう。
★　「3つの自立」の意味は，次のように生活科で目標とされるものと同じものです。
　　「学びの自立」……自分にとって興味・関心があり，価値があると感じられる活動を自ら進んで行うとともに，人の話などをよく聞いて，それを参考にして自分の考えを深め，自分の思いや考えなどを適切な方法で表現すること。
　　「生活上の自立」……生活上必要な習慣や技能を身につけて，身近な人々，社会および自然と適切にかかわり，自らよりよい生活を創り出していくこと。
　　「精神的な自立」……自分のよさや可能性に気づき，意欲や自信をもつことによって，現在および将来における自分自身の在り方に夢や希望をもち，前向きに生活していくこと。

を充実させていくことが大切です。そして，子どもの実態や園・学校・地域の実情に合わせて，さまざまな創意工夫をしていくことで，発達と学びを豊かにつないでいくことができます。こうした幼小の協同的な取り組みは，それを支える基盤として地域をつくっていくことにもつながっていくのです。

POINT

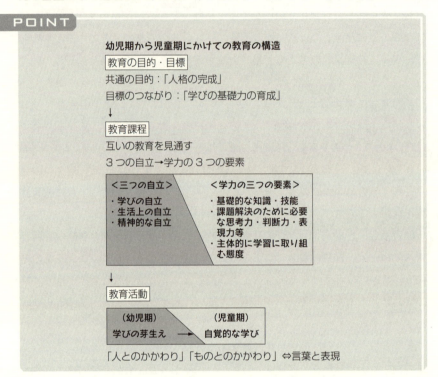

CHAPTER

第 11 章

これからの社会と子ども教育

どんな大人に育ってほしいか

WHITEBOARD

- ●公教育とは何だろう
- ●教育にはどんな機能があるだろう
- ●これからの教育に求められることは何だろう

KEYWORDS

公共性　多様性　教育の自由　資本主義社会　隠れたカリキュラム　グローバル化　シティズンシップ教育　コンピテンシー　ローカルな文化　共同体　対話と協働　子育てのネットワーク

第7章で，現代社会において公教育とは，政治的共同体や国家のために必要とされている側面と，その構成員が民主主義的に政治に参加するための知識や，自由な思考や判断力をもつことを重要とする側面があることを学びました。またそのなかで，子どもの幸福や権利を守ることも，重要な課題となってきていることを学びました。

　世界の多くの国々は，日本と同じく資本主義を経済の原則として発展してきています。そのなかで私たちには，交通手段やインターネット等通信手段の発展により，直接的にも間接的にも，さまざまな文化や慣習をもった人々と交流する機会がたくさんあります。つまり，まったく異なる考え方や生き方をしている人たち同士が，経済活動という共通のことに携わりながら，一緒に生きていかなければならないのです。

　そうした時代に，子どもたちにはどのような大人になってもらうことを願えばいいのでしょうか。本章では，公教育を支え，あるいは矛盾することもある**公共性**の概念について学びながら，そこから派生する，これからの社会の子どもたちを育てるための2つの課題について考えてみたいと思います。

1 あらためて公教育を考えよう

公教育の原則

　1人の子どもが一人前の人間になって，世の中で生きていくためには，2つの面での育ちが必要です。1つは，その子ども個人の人格が完成するように育つという面です。そしてもう1つは，その子どもが生まれ落ちた社会のなかで生きていけるように，社会のあり方に適応できるように育つという面です。

　教育が個人の人格の完成を目標とするという考え方は，西欧の伝統的な教育のとらえ方です。教育とは保護者の責任によって選択され，行われる私的な営みであり，キリスト教を背景として，人間は神のように完全になることはできないけれども，なるべくより正しく善良な判断や振る舞いができるようになることが目指されました。一方，教育とは，社会で生きていくために必要とされ

る振る舞いや知識，技能などを身につけることなのだと指摘したのは，社会学者デュルケーム★(1858-1917)です。このことを彼は，『教育と社会学』(1922年)のなかで，「方法的社会化」と呼びました。ここでは，教育は社会的なものであると考えられました。つまり，教育は社会ごとに異なる教育内容をもっており，それはその社会が存続するために必要な人間像を目標にしているというのです。

　実際には，教育はこの両面をあわせもっているといえるでしょう。現代の教育は，子どもが社会で生きていくのに必要な知識や技能，考え方などを学ぶと同時に，人格を形成し，個別の価値観や判断に基づいて自由に生きる個人となるために学ぶ機会です。近代「公教育」は，そうした営みを公的なものとして設定した社会システムです。そこでは，共通の教育内容を子どもに学ばせることを社会の義務とすると同時に保障します。つまり，社会の維持に必要な素養を子どもに学ばせる強制のシステムであると同時に，社会の構成員に平等に学習機会を保障し，社会を平等化する機能をもっているのです。

　しかし，この強制と保障のシステムである公教育は，いくつかの矛盾をはらんでいます。

社会とは？　自由とは？

> QUESTION
> 教育の内容は，誰が，どのように決めているのでしょうか。幼稚園教育要領や教科書など，具体例を挙げて考えましょう。

　公教育が抱える矛盾の1つは，教育内容を要請する「社会」とは何かという点にあります。近代公教育においては，この教育内容を要請する「社会」は，多くの場合，国家を基盤とします。そこでは，教育の対象は国民であるということになります。しかし，現実には1つの国家のなかに，多様な国籍をもつ構成員が生活しています。その場合，公教育の義務と保障の対象は，国籍を有する国民となるのでしょうか，それとも生活の場を共有するすべての人々，つま

---
note

★ フランスの社会学者。社会との相互依存的関係において学校をとらえ，教育について組織的社会化であると述べています。

1　あらためて公教育を考えよう　●　203

り「公民」ということになるのでしょうか。たとえば民族学校に通う生徒の学費を無償化するかどうか，といった問題は，こうした文脈のなかで起こっています。

　次に，教育内容の自由選択をどの程度認めるのかという点においても，さまざまな考え方があります。1つの国家のなかには，異なる民族，言語，宗教を背景にした人々も生活していて，そのなかでは，同じ背景をもつ人々の共同体が独自に教育内容を決定したいとか，ある内容については子どもに学ばせたくないといった要求が生まれることがあります。その場合，公教育の役割は，そうした要求とは無関係に，すべての公民に共通の場で共通の内容を教えることでしょうか，それとも個別の事情に合わせた教育を保障することでしょうか。たとえば，アメリカ合衆国では自宅学習を選択する自由度が高いですが，その背景には，自分たちのルーツはアフリカ系だから，そのことに重点をおいた学びが必要であるとか，キリスト教の教義に照らして進化論は学ばせたくないなどといった親の判断が優先されているケースがあります。

　日本においても，男女別学を望む声がある一方，平等な教育を志向する立場からは，男女共学・共通カリキュラムが強く求められてきました。教育の自由は，日本では私立学校において実現されるイメージがあるでしょう。しかし，教育の義務と保障や補助は，国民もしくは公民として共通の内容を子どもに学ばせることを前提とすべきなのか，できる限り個々人の背景や価値観に合わせ，**多様性**に基づく**教育の自由**を保障すべきなのかという問題が，ここにはあります。

POINT

公教育と教育内容
公教育――共通の教育内容
⇅
教育内容の自由な選択

必ずしも一致しないんだな…。

2 公共とは何か

 教育内容をめぐって

> QUESTION
> 「公」や「共」の語には，どのような意味があるでしょう。調べた意味をもとに「公共」のイメージについて話し合いましょう。

　これまで見てきたように，「公教育」は，教育を公共的なものとして用意する社会システムです。公共的なものとは，どういう意味なのでしょうか。
　ドイツ出身の思想家アレントは，『人間の条件』（1958年）のなかで，古代ギリシャのオイコスとポリスをモデルにして，私的領域と公的領域について論じています。公的領域とは，政治的な領域（ポリス）であり，自分の意見を述べる領域です。そこでは，他人に見られ，聞かれることになるし，テーブルをはさんで議論するかのようにルールにのっとって他者とのかかわりをもつことになります。ポリスに現れることができるのは自由市民である成人男性で，政治的な発言や行動をする自由があります。一方，私的領域（オイコス）は他人に公表されない空間であり，生きていくのに必要な消費や活動の場であって，女性，子ども，奴隷など成人男性に限られる自由市民以外の人間の活動がそこに含まれます。私的領域における生活のための活動が土台となって，人は公的領域に生きることができます。そうしたモデルからアレントは，さまざまな私的領域を背景にもち，多様な意見をもつ人々が，意見を交換できる場を公共（パブリック）と考えました。
　こうした公共概念に基づいて公教育を考えると，教育内容が政治的に決定されることは，もはや前提といえなくなります。むしろ教育内容は，多様な意見による問い直しを迫られているといえるでしょう。そうなると，学校はマジョリティを基準として決定された一律の価値に基づいて国民を教える場ではなくなります。そして，地域に生活するさまざまな人々が，公民として共生していくために必要な教育内容を議論の対象としながら，その過程で多様なマイノリ

ティの立場についても話し，聞き，学び合う場として構想されることになります。そうではなく，リベラリズムに基づいて学校や教育内容が構成されているのであれば，別の場所や教育内容を選択する権利が保障されるべきなのです。

3 教育がもたらす豊かさとゆがみ

> QUESTION
> 教育と経済にはどんな関係があるでしょうか。学歴と賃金，進路選択と家計などを例に考えてみましょう。

資本主義と教育・福祉

近代化を進める過程で，公教育は，すべての子どもに等しく教育を受けさせるという公の目的をもって整備されてきました（⇨第 **8** 章）。けれども，**資本主義社会**の発展は，等しい教育の理想とは逆に，教育の格差や格差を生む教育をつくり出してきたのです（⇨第 **7** 章）。

資本主義とは，何でしょうか。これはとても難しい問いですが，思いきっていえば，他人に迷惑をかけない範囲で自由に，お金を得るための仕事をし，得たお金は自分のものになるというルールです。これは，頑張れば頑張っただけ，成果は自分のものになるということです。家業や血筋その他に影響されず，努力と才覚で望む生活を手に入れる機会が誰にでもある。これは，資本主義社会が封建社会と違うところです。それでは，資本主義のルールは，誰にとっても平等だといえるでしょうか。

資本主義経済には，いくつか不平等が起きやすい要因があります。第 1 に，もしあなたがお金（＝資本）をもっていれば，それを投資して，他人を雇用して，利益を得ることができます。一方，あなたにお金もアイディアもなければ，

---
note
★ マジョリティは数が多いだけでなく，ある集団でものごとを決めるときに意見が通りやすく，それが当然のように日常的に考えられる立場にある人々を意味します。マイノリティは集団ではその属性を他者に理解されにくく，意見がものごとの決定に反映されにくい人々のことです。

雇用されて労働力を提供し，雇用主が利益を得た後に支払えるだけの給与をもらうことになります。つまり，資本主義は，お金があればあるほど，さらに大きくお金を儲けやすい仕組みなのです。このことは，次第に貧富の格差が開く要因になります。

　第2に，今の社会では，学校教育は，資本主義社会のなかでより有利な立場に立つために準備する機関として機能しています。義務教育は，そうした教育機会の平等を保障しているように見えます。もしあなたが，より高度な学習で専門知識を身につけることに関心があって，それに向いていれば，教育がその後の進路の決定を支えてくれることもあります。しかし，実際には貧富によって塾や習い事，私立学校の選択などの機会が異なったり，そのことで学習や進学への意欲が違ってきたり，もちろん進学に使える金額自体が違ったりといった差が出てくるので，学校教育が平等を保障しているとはいえないのです。

　しかし本来は，教育や福祉といった分野は，世の中の不平等をやわらげたり，なくしたりするという役割があります。たとえば教育に関していえば，どのような環境に生まれても，平等に質の高い保育や教育を受けられれば，子どもの将来の差が拡大しないようにするチャンスとなります。しかし，それより大切なことは，教育や福祉は，病気や事故，怪我，障害，高齢化などさまざまな困難を誰が抱えたとしても，それに対応するサポートをすることで，それぞれの人たちが，その人らしく，充実して生きることができるようにする機能をもたなければならないということです。★

　世の中の不平等は，貧富によって起こるものばかりではありません。ジェンダー，宗教，文化，民族や階級など，さまざまな要因で不平等は起こりえます。たとえば，性別によって「女の子は一生懸命勉強して大学に行く必要などない」という考えは，女の子の教育機会やその後の進路選択の自由を狭めます。また人種や民族，宗教の違いは，時に激しいヘイトスピーチ★を引き起こすため，通名を使ってあらかじめ防御せざるをえない状況も生じています。

---- note

★　憲法第25条1項「健康で文化的な最低限度の生活」は，単に生き延びられるということではなく，そのような生活をする権利を基本的人権としてとらえています。

★　相手に危害を与えるように告げる，ひどく侮辱する，地域からの排除をあおるなどの不当な差別的言動のことをいいます。

教育の平等を問う

このため，教育の平等についても，何をもって「平等」と考えるのかという点が争点となりえます。1970年代初頭，公教育は本当に平等なシステムなのかどうかが問い直されることとなります。ここで問題となったのは，1つは，教育は不平等を維持・拡大するシステムなのではないかということ，もう1つは，教育システムや教育現場においてさまざまな不平等があるのではないかということです。

イリイチは『脱学校の社会』（1971年）で，公教育が経済システムと富の不平等な配分の連鎖に貢献するシステムであると指摘しました。その際，公教育は**隠れたカリキュラム**（hidden curriculum）として，人が市民として認められるためには「学校に通う最小限の年数を積み上げること」が不可欠だと信じ込ませる機能があるといいます。バーンスティン，ブルデューなどの再生産論は，養育者のもつ資本の多少が，子どもの教育階梯の有利不利につながり，どの学校階梯を修了したかが子どもの将来に影響すること，したがって養育者の資本が子どもの将来の資本を再生産し，そのことが社会の経済システムを再生産することを示しました。学校教育は，あたかも平等化を実現する装置のように見えながら，実際にはそうした不平等の再生産を担ってきたことが明らかにされたのです。

教育が不平等を維持・拡大する社会システムであることは，いくつかの調査・研究から明らかにされています。OECD学習到達度調査（PISA）では，保護者の社会階層や学歴が子どもの学力と相関をもつことが指摘されています。日本でも，保護者が子どもと遊ぶ時間や相談相手をもつ機会，子どもの健康，虐待や非行などさまざまな生活の条件が，保護者の収入と関連するという研究があります（阿部，2008）。そもそも公教育システムが標榜してきた平等性は，実は経済社会の不平等を維持・拡大するのに貢献してきたといえるのです。

一方，教育現場におけるさまざまな不平等も，指摘されてきました。ノーベル平和賞を受賞したパキスタンの人権活動家ユスフザイの主張のように，現代でもジェンダーによって教育機会そのものを奪われている地域があります。同様に，貧困，病，戦争や学校が遠いなどの理由によって，教育機会を保障され

> **Column ❾ 隠れたカリキュラム（ヒドゥン・カリキュラム）**
>
> 　学校には，教育課程や指導案など意図的で意識的な見えるカリキュラム（明示的カリキュラム）だけでなく，教育者が意図せず無意識に子どもに伝えている知識や振る舞い，態度（隠れたカリキュラム）があります。隠れたカリキュラムの概念は，1968年に教育学者フィリップ・ジャクソンにより最初に示されました。この隠れたカリキュラムは，子どもの人格やものの考え方に深く影響しています。
> 　隠れたカリキュラムには，どのような例があるでしょう。
> 　授業で先生が前のほうの座席に座る子どもばかりを指名して進めると，後ろのほうに座っている子どもたちは，「前の席にいる誰かが発言してくれる」「先生が後ろに来たときにまじめにやればいい」という態度を身につけていきます。名簿や身体検査が男女別で，いつも男子が女子の先に呼ばれることで，子どもたちは「男子は女子よりも優先される」「女子は順番を待つべきである」という見方を学んでいきます。
> 　隠れたカリキュラムをなくすことは難しいですが，さまざまな視点から自分の言動や慣習，子どもとの関係をチェックし，1人ひとりに配慮した教育を充実させることが望まれます。

ずにいる子どもたちが存在します。また，学校教育が平等を前提としていたとしても，日常生活のなかにあるさまざまな差別や分断は，学校のなかにもそれと意識されることなく忍び込み，「隠れたカリキュラム」として作用しています。たとえばフェミニズム研究は，学校教育のなかで見られる，児童・生徒の性別による教師の対応の差異や，教科書における男性と女性の扱い方の差異を明らかにしてきました（木村，1999）。そこでは国語教科書において女の子という存在が消極的に描かれていたり，男子のほうが授業中によくあてられると子どもたちが感じていたり，といった学校内での日常的な差異が指摘されています。アメリカの思想家バトラーによれば，ジェンダーとは人を「男」と「女」のどちらかに不断に分断する差異化の動きそのものです（バトラー，1999）。学校でジェンダーによって異なる扱いが当然とか常識のように繰り返されれば，それが差異の再生産につながっていくのです。

> **POINT**
>
> **資本主義と教育**
> 資本主義の発展⇨貧富の差の拡大
> 　教育の二面性…平等と不平等
> 　　家庭の収入格差 ┐
> 　　　　　　　　　　→ 学校教育＝不平等を再生産する装置
> 　　隠れたカリキュラム ┘

4. グローバル化時代の課題とは

グローバル化する社会

> **QUESTION**
> グローバル化とは，どのような現象のことでしょう。新聞やニュースでは，グローバル化についてどのような見解が語られているでしょうか。

　ここまできて教育の公共性を考えた場合，教育は単に，国家が内容を規定し，国民に保障する教育システムとしてイメージするわけにはいかないでしょう。法的・政治的には，国家は国民から委託されて，教育権を行使するけれども，現実に地域に暮らすさまざまな人々を度外視するわけにはいきません。むしろ公共的な教育は，生活空間を共有する市民ではあるけれども国民でない人々や，貧困，障害，宗教，ジェンダーなどの差異によってマジョリティから区別される人々と，いかに共生していけるかを考える場でなければならないのです。

　近年こうした傾向は，ますます強まっています。というのも，社会の**グローバル化**が進み，人やもの，文化の移動や交流がますます迅速に多量に行われることによって，私たちは自分と異なる人種，民族であったり，文化，宗教，生活習慣をもつ他者とともに生きる機会が増えたからです。今や私たちは，地球の裏側の商品を買い，ニュース，音楽，路地裏の風景，SNSでの日常生活の発信などの情報を簡単に手に入れることができます。マクドナルドやディズ

ニーなど大国の商業主義的文化が世界中の市場で展開されています。その一方で，遠く離れた地に伝染病や生物種が運ばれることもありますし，さまざまな差異にかかわる差別や暴力と隣り合わせに生きることにもなりました。こうした変化は，教育に大きく分けて3つのことを要求しています。

シティズンシップ教育

　1つは異質な他者と共生するために必要な態度やスキル，価値観および対話を通してコミュニティをつくることを子どもが学ぶことです。たとえば外国人の子どもが日本に来て，公立学校に通う場合，その子どもは「異質な他者」として学校に現れます。その「違い」に対して必要なケアは，一律ではなく，さまざまな問題についてその子どもと保護者，教師集団，学級や学校の子どもたちとの話し合いのなかで決定されていく必要があります。日本語の指導はどのように進めればよいのか，どのような助けが必要なのか，誰が協力できるのか。クラスの子どもたちが外国人の子どもを受け入れるためには，どのような準備が必要なのか。これまでの学級や学校のルールになじまないとしたら，ルールを守れるように指導するのか，それともそのルールを守れない背景について互いに理解し合い，新たな集団のあり方を考えるのか。学校には，そういった「教育」の営みが求められることになるのです。

　シティズンシップ教育（社会形成・社会参加に関する教育）」はこうした課題に応えようとするものです。「シティズンシップ」は，「公民権」「市民権」「市民的資質」などと訳されますが，シティズンシップ教育は，ある国家や社会が要請する資質を子どもたちが習得することを要求します。その場合，その資質を備えることは，社会に子どもたちを包摂する条件となりますが，一方でその資質を備えないとしても，排除するのではなく，社会のあり方を見直し，新しい異質な存在の声を聞き，対話を開くということを原則とするのです。したがって，シティズンシップ教育は，異質な他者の文化や声に耳を傾け，新たなコミュニティのあり方を模索する実践を通して学ぶことも意味します。たとえばイングランドのシティズンシップ教育は，従来の住民と移民のコミュニティをつなぐような対話のあり方を学ぶかたちで行われています。

CHART 図11.1 3つのキー・コンピテンシー

道具を相互作用的に用いる
・言語・シンボル・テクストを相互作用的に用いる
・知識や情報を相互作用的に用いる
・技術を相互作用的に用いる

異質な人々の集団でかかわり合う
・他者とよい関係を築く
・チームで協働する
・対立を調整し，解決する

自律的に行動する
・大きな展望の中で行動する
・人生計画や個人的プロジェクトを設計，実行する
・自らの権利・利害・限界・ニーズを表明する

PISAが調査するリテラシーは，この部分だよ

（出所）ライチェン・サルガニク編，2006より作成。

コンピテンシー

　2つ目は，世界規模で市場が展開する資本主義経済のなかで，活発な経済活動を行い生き残るための戦略（知恵）を子どもが学ぶことです。近年OECDは，**コンピテンシー**という新しい能力の考え方を提唱しています。コンピテンシーとは，知識だけでなくスキルや態度を含むさまざまな内的リソース（資源）を活用して，ある文脈のなかで複雑な要求に対応する力のことです。コンピテンシーのなかでも，特に個人や社会のために有益で，さまざまな文脈に対応するために必要で，すべての人にとって重要だとみなされたものをキー・コンピテンシーといいます（図11.1）。キー・コンピテンシーのもとになるのは，自らふり返って深く考え，行動する力（リフレクション）と考えられています（ライチェン・サルガニク編，2006）。

　OECDの国際的な学習到達度調査（PISA）は，読解力，数学的リテラシー，科学的リテラシーの3分野について，これまでに身につけてきた知識や技能を，実生活で出会う課題にどのくらい活用できるかを測るものです。PISAの結果をもとに，先進諸国は自国の教育の問題点をとらえ，教育の政策や実践の改革

を進めています。

ローカルな文化の尊重

　3つ目は，均質化する商業主義的文化に対して，教育を通じて**ローカルな文化**を尊重する土壌を育て，そこでのものと人，人と人のつながりを公共的なものへと変えていくことです。アレントが政治的な言説空間としての公的領域の復活を提唱したのは，政治に興味をもたない人々の存在を批判するためではありませんでした。近代資本主義社会では，個人は消費行動において，世界との接点をもっとも多くもちます。たとえば選挙の争点として，どれだけ社会的弱者や安全や環境に配慮しているかよりも，どれだけ景気がよくなる政策を打ち出しているかに注目が集まることが多いのです。自分が本当に関心のあることを見つけることは難しくても，買って身につけるもので自分を表現するというやり方は簡単です。しかし，そうした基準で世界とかかわるだけでは，私たちは経済活動にくみしない多様な文化の衰退をくいとめることができません。かつ，多様な人々が共生できるコミュニティも**共同体**も創造していくことができなくなってしまうのです。

　それでは，グローバル化に対応した教育課題に応えるために，何をヒントに子ども教育の方法を考えればよいでしょうか。

5　これからの教育と子育てを展望しよう

対話と協働から生まれる生活と学び

　子どもたちの語りや**対話**に基づき，社会のあり方を批判的に検討したり，新たな社会関係をつくったりする教育実践は，これまでも試みられてきました。たとえば，昭和初期の生活綴方では，子どもたちが日々の生活で感じたことや考えたことをありのまま作文や詩に書き，それを互いに読み合い，感想や意見を交わしました。その過程で子どもたちは，働いても豊かにならない暮らしや家族を失った悲しみなどの現実を見つめ，人間らしく生きるすべを見つける

知性を育み,困難を抱える仲間をケアする関係を築いていきました。1950年代から東京の豊川保育園では,畑谷光代らが「伝え合い保育」を展開しました。伝え合い保育では,作文を書けない幼児でも,言葉による話し合いを通じて考えを交わし,自分たちの納得する方向を一緒に見つけようとします。「靴がなくなったときはどうするか」など実生活の問題を取り上げ,幼児たちは異なる意見に耳を傾けたり,原因と結果を吟味したりして協同で生活をつくり,社会や自然に対する認識を深めました。

今日では,21世紀型の学力としてコンピテンシーを総合的に育むために,アクティブ・ラーニング(課題の発見・解決に向けた主体的・協働的な学び)の取り組みが進められています。授業では,子どもにとって意味のある問いから学びの文脈がつくられ,子どもたちは自分の体験や知識をもとに考えを出し合い,対話を通してそれらを深めます。教師は,考えるための材料や手だてを工夫して用意し,子どもが自らの学びと学び方をふり返る機会をつくります。アクティブラーニングの視点から,主体的な学びと対話的な学びと深い学びの過程が生まれているかどうかをとらえ,授業を創り直していくことが求められています。

このような教育を実現するために大切なことは何でしょうか。ここでは2つ挙げておきましょう。

1つは,学校の知識のあり方を見直すことです。子どもたちが**協働**的に学ぶ場面では,知識は個人の所有物ではなく,みんなで使う資源とみなされています。対話は,言葉によって子どもが自分の知識を必要とする子どもに贈り,他の子どもから別の知識を贈ってもらうやりとりとして成立しています。知識が個人の所有物になると知識の量をめぐって競争が生じますが,知識が共有されるものになると,子どもたちは知識を媒介につながり,自分たちで見出した事柄の意味を味わうようになります。

もう1つは,子どものありのままを認め合う関係を築くことです。船橋(2009)は,アレントの「現れ(appearance)」の概念から,学校という公共の場で安心して「私を現す」ことのできる居場所をつくることを重視しています。1人ひとりの居場所が保障され,さまざまな他者の声への気づかいと応答が行き交うことで,子どもたちは自らが参加することの意味を知り,そこでの振る

舞い方を身につけます。このように子どもたちが民主主義のあり方を学びながら、学級は民主的な公共圏としてつくり出されていくのです。

つながる地域の子育てへ

> QUESTION
> 子育ては私的なものでしょうか、公的なものでしょうか。子育てのどのような点についてそのように考えますか。

私と公のはざま　OECDの乳幼児期の教育とケア（ECEC★）に関する調査は、「公教育」「義務教育」という範疇には含まれないことも多い保育分野について、今後のあり方を提言しています。そこでは、保育のシステムを構築するための原則として、2つのことを結びつけています。1つは、共通の社会的要請として女性の社会進出を支え、子どもの貧困や虐待、移民の抱える問題などの解決に資することで、もう1つは、乳幼児の健康、福祉、主体性と自然な学習の筋道を尊重するための観察と省察という保育に固有の課題に応えることです。さらに、乳幼児期のサービスに、子どもと親だけでなく家族と地域コミュニティの参加を促すことも提唱されています。親たちが連携し民主的に参加できる場をつくって子どもの育ちを支え合い、子ども教育者が保護者をサポートし、保護者もプログラム作成やカリキュラム開発にかかわることが望まれています（OECD編, 2011）。OECDの提言は、子育て支援と教育・ケアを包括的にとらえる公共的な保育の方向性を示すものです。

けれどもOECDの調査では、日本は他の国々に比べて子育て支援に対する公的な支出が非常に少ないことも明らかになりました。それはなぜでしょうか。

明治期以来、進んだ産業や文化を有する西欧諸国に追いつくために、日本は高等教育や義務教育の充実を優先させてきました。子育ては家庭の私的な営みとみなされ、これを補完・代替する幼稚園や保育所の整備は後回しでした。戦後も「3歳までは母親の手で育てたほうがよい」（3歳児神話）という考え方から、公費による保育所の設立が進まなかった時期もあります。1960年頃から

---
note

★　ECEC：Early Childhood Education and Care の略。

働く母親を中心に共同で保育所をつくる運動が広がりましたが，依然として子育てのモデルとしては専業主婦の母親が手間をかけて子どもを育てるのが理想とされてきたのです。こうしたことから，子育てを国の将来を左右する重要課題とみなし，公的にものと人とお金を投入して支援しようとする認識が形成されなかったのでしょう。

子育てのネットワークでつながる　1980年代後半になると，先に述べた子育ての理想のモデルはゆらぎ始めます。少子化の進行が注目され，その背景に，専業主婦の母親たちが子育ての大きなストレスを抱え，自分1人にのしかかる責任に押しつぶされる現実があることがわかったからです。物質的には豊かでありながら，近所の付き合いもなく，家庭で父親の協力も得られずに，子どもを育てる母親は孤立していたのです。

周囲から閉ざされた子育てに解決の糸口をもたらしたのは，地域のネットワークづくりという発想でした。ネットワークは，比較的新しい市民による社会運動として注目された運動の形態です。ここではネットワークについて，対等な関係でのコミュニケーションと協働により，柔軟に結びついた人々や組織のつながりと理解しておきましょう。子育て支援の方法は，働く親のために保育所を設立するだけでなく，家庭で子育てをする親のためにも身近な支援の輪をつくる方向に動き出しました。

子育てのネットワークには，どのようなものがあるでしょうか。地域の園の保育者，小児科医，保健師，子ども家庭支援センターの専門家，ファミリー・サポート・センターのアドバイザー，子育てサークルのメンバーなどが活動を通して親子につながり，それらが連携して子育てをサポートするネットワークはイメージしやすいでしょう（**図11.2**）。ほかにも，プレーパークという子どもの冒険的な遊び場づくりは，親，プレイリーダー，ボランティア，団体，行政などの協働で進められ，さまざまな地域に広がっています。また，東京の「まちの保育園」では，併設のカフェやワークショップ，園庭づくりに，園児の保護者だけでなく近隣の親子，住民，専門家たちが集い，子どもの豊かな育ちを願ってゆるやかにつながっています。保育園が地域に開かれて人々の交流する子育ての拠点となり，まちぐるみで子どもの成長を見守りながら，そのようなまちづくりを実践しているのです（秋田ほか，2016）。

CHART 図 11.2　子育てのネットワーク

　今日では子育ての関心や願いに応じて，さまざまなネットワークがつくられるようになりました。親たちと家庭の外の他者との関係が結ばれ，コミュニケーションが重ねられ，地域に子育てを支え合う空間がつくられることで，そこに子どもの幸せを願う市民的公共圏としてのコミュニティ（共同体）が生まれます。それぞれの特性・文化をもった地域を基盤とする子育てのコミュニティは，実に多様です。これからの子ども教育者は，自らもコミュニティの一員として，さまざまな異質性，多様性を認めて他者と折り合い，コミュニティを共に築く親の育ちを促すことも大切になるでしょう。

POINT

新しい時代の教育を構想する
[課題]
　シティズンシップ教育の実践
　コンピテンシーの育成
　ローカルな文化の尊重
　← 対話と協働による学び
　　コミュニティの新たな関係づくり

引用文献

※著者名アルファベット順

●序　章

Kliebard, H.M., 1987, *The Struggle for the American Curriculum, 1893-1958.*, Routledge

McCartney, K. A., E. Dearing, B. A. Taylor, and K. L. Bub, 2007, "Quality Child Care Supports the Achievement of Low-Income Children: Direct and Indirect Pathways Through Caregiving and the Home Environment," *Journal of Applied Developmental Psychology*, 28(5-6)

Pinar, W.F., W. M. Reynolds, P. Slattery and P. M. Taubman, 1995, *Understanding Curriculum: An Introduction to the Study of Historical and Contemporary Curriculum Discourses*, Peter Lang Publishing

佐藤学，1997，「ケアリングと癒しの教育」『生活指導』519

佐藤学，1998，「学びの文化領域」佐伯胖ほか編『岩波講座 現代の教育3 授業と学習の転換』岩波書店

寺崎弘昭，1995，「近代学校の歴史的特異性と〈教育〉──「学校」の近代を越えて」堀尾輝久・奥平康照ほか編『講座学校1 学校とは何か』柏書房

●第1章

フレーベル，F. 著／荒井武訳，1964，『人間の教育（上）』岩波文庫

倉橋惣三，1965，『就学前教育』（倉橋惣三選集第3巻）フレーベル館

小川博久，2005，『21世紀の保育原理』同文書院

汐見稔幸・加用文男・加藤繁美，2001，『これが，ボクらの新・子どもの遊び論だ』童心社

Vygotsky, L.S., 1978, *Mind in Society: Development of Higher Psychological Processes*, Harvard University Press

矢野智司，2006，「幼児教育の独自性はどこにあるのか（6）」『幼児の教育』105（2）

幼児期の教育と小学校教育の円滑な接続の在り方に関する調査研究協力者会議，2010，「幼児期の教育と小学校教育の円滑な接続の在り方について」

●第2章

河邉貴子・赤石元子監修，2009，『今日から明日につながる保育──体験の多様性・関連性をめざした保育の実践と理論』萌文書林

柴崎正行・赤石元子編，2009，『新保育シリーズ 保育内容 環境』光生館

杉原隆・河邉貴子編，2014，『幼児期における運動発達と運動遊びの指導──遊びのなかで子どもは育つ』ミネルヴァ書房

●第3章

安藤寿康，2011，『遺伝マインド──遺伝子が織り成す行動と文化』有斐閣

東洋，1994，『日本人のしつけと教育──発達の日米比較にもとづいて』東京大学出版会
Baltes, P.B., 1987, "Theoretical Propositions of Life-Span Developmental Psychology: On the Dynamics between Growth and Decline," *Developmental Psychology*, 23
ブロンフェンブレンナー，U. 著／磯貝芳郎・福富護訳，1996，『人間発達の生態学──発達心理学への挑戦』川島書店
バーン，R. 著／小山高正・伊藤紀子訳，1998，『考えるサル──知能の進化論』大月書店
エリクソン，E.H. 著／西平直・中島由恵訳，2011，『アイデンティティとライフサイクル』誠信書房
藤永保，2001，『ことばはどこで育つか』大修館書店
レイヴ，L.J.・E. ウェンガー著／佐伯胖訳，1993，『状況に埋め込まれた学習──正統的周辺参加』産業図書
丸山啓史・河合隆平・品川文雄，2012，『発達保障ってなに？』全国障害者問題研究会
松井三枝，2012，「認知発達の脳科学的基盤」日本発達心理学会編／根ヶ山光一・仲真紀子責任編集『発達科学ハンドブック4 発達の基盤──身体，認知，情動』新曜社
Murray, L. and C. Trevarthen, 1985, "Emotional Regulation of Interactions between Two-Month-Olds and Their Mothers," In T. Field and N. Fox eds., *Social Perception in Infants*, Ablex.
ピアジェ，J.・B. イネルデ著／波多野完治ほか訳，1969，『新しい児童心理学』白水社
佐伯胖，1998，「『学び合う共同体』へ向けて──授業改革の新しい方向づけ」『教育じほう』（610）
Tobin, J.J., D.Y.H. Wu and D.H. Davidson, 1989, *Preschool in Three Cultures: Japan, China, and the United States*, Yale University Press
恒吉僚子，1992，『人間形成の日米比較──かくれたカリキュラム』中公新書
ヴィゴツキー，L.S. 著／柴田義松訳，1970，『精神発達の理論』明治図書出版
Wood. D.J., J.S. Bruner and G. Ross, 1976, "The Role of Tutoring in Problem Solving," *Journal of Child Psychology and Psychiatry*, 17

●第4章

ボルノー，O.F. 著／森田孝・大塚恵一訳編，1978，『問いへの教育──哲学的人間学の道』川島書店
福元真由美，2007，「メンタリングの意義と方法」幼稚園メンタリングプロジェクト『メンタリングハンドブック』東京学芸大学
岩川直樹，1994，「教職におけるメンタリング」稲垣忠彦ほか編『日本の教師文化』東京大学出版会
佐藤学，1996，『教育方法学』岩波書店
ショーン，D. 著／佐藤学・秋田喜代美訳，2001，『専門家の知恵──反省的実践家は行為しながら考える』ゆみる出版

●第5章

赤井米吉，1924，『ダルトン案と我国の教育』集成社
遠座知恵，2013，『近代日本におけるプロジェクト・メソッドの受容』風間書房
ヘックマン，J.J. 著／古草秀子訳，2015，『幼児教育の経済学』東洋経済新報社
土方苑子，2002，『東京の近代小学校――「国民」教育制度の成立過程』東京大学出版会
柏木敦，2012，『日本近代就学慣行成立史研究』学文社
加藤美帆，2012，『不登校のポリティクス――社会統制と国家・学校・家族』勁草書房
木村元，2015，『学校の戦後史』岩波書店
木下竹二，1923，『学習原論』目黒書店
教育思想史学会編，2000，『教育思想史事典』勁草書房
松島のり子，2015，『「保育」の戦後史――幼稚園・保育所の普及とその地域差』六花出版
宮島喬，2014，『外国人の子どもの教育――就学の現状と教育を受ける権利』東京大学出版会
文部省編，1972，『学制百年史』帝国地方行政学会
森上史朗，1984，『児童中心主義の保育――保育内容・方法改革の歩み』教育出版
中村満紀男・荒川智編，2003，『障害児教育の歴史』明石書店
中野光，1968，『大正自由教育の研究』黎明書房
野村芳兵衛，1926，『新教育に於ける学級経営』聚芳閣
真田幸憲，1918，『分団教授原義』目黒書店
関信三，1879，『幼稚園法二十遊嬉』青山堂
宍戸健夫，2014，『日本における保育園の誕生――子どもたちの貧困に挑んだ人びと』新読書社
田中義康・諸葛信澄閲，1873，『師範学校小学教授法』雄風舎
湯川嘉津美，2001，『日本幼稚園成立史の研究』風間書房

●第6章

浅井幸子，2008，『教師の語りと新教育――「児童の村」の 1920 年代』東京大学出版会
浅井幸子，2009，「東京女子高等師範学校附属幼稚園における誘導保育の成立過程――保育記録の語り口に着目して」『和光大学現代人間学部紀要』2
浅井幸子，2014，「保育記録と心理学――明治末における松本孝次郎の児童研究に着目して」『和光大学総合文化研究所紀要 東西南北』2014
エドワーズ，C.・L. ガンディーニ・G. フォアマン編／佐藤学・森眞理・塚田美紀訳，2001，『子どもたちの 100 の言葉――レッジョ・エミリアの幼児教育』世織書房
本田和子，2000，『子ども 100 年のエポック――「児童の世紀」から「子どもの権利条約」まで』フレーベル館
細井勇，2009，『石井十次と岡山孤児院――近代日本と慈善事業』ミネルヴァ書房
河原和枝，1998，『子ども観の近代――「赤い鳥」と「童心」の理想』中央公論社
森田明，2005，『少年法の歴史的展開――〈鬼面仏心〉の法構造』信山社
村田孝次，1987，『発達心理学史入門』培風館

中村五六，1898，「幼稚園に於ける幼児観察の一斑」『教育実験界』2-8
中村満紀男・荒川智，2010，『障害児教育の歴史』明石書店（オンデマンド版）
二井仁美，2010，『留岡幸助と家庭学校——近代日本感化教育史序説』不二出版
Rinaldi, C., 2006, *In Dialogue with Reggio Emilia*, Routledge
高橋智・清水寛，1998，『城戸幡太郎と日本の障害者教育科学——障害児教育における「近代化」と「現代化」の歴史的位相』多賀出版
滝沢武久，1971，『知能指数——発達心理学からみたIQ』中央公論新社
田中亜紀子，2005，『近代日本の未成年者処遇制度——感化法が目指したもの』大阪大学出版会
東京保育問題研究会編，1983，『伝えあい保育25年——東京保育問題研究会のあゆみ』文化書房博文社
土屋敦，2014，『はじき出された子どもたち——社会的養護児童と「家庭」概念の歴史社会学』勁草書房
ユニセフ，2010，『世界子供白書特別版』2010「子どもの権利条約」採択20周年記念（http://www.unicef.or.jp/library/sowc/2010/pdf/haku2010.pdf）
山野則子・武田信子編，2015，『子ども家庭福祉の世界』有斐閣

● 第7章

アルチュセール，L., 1993，「イデオロギーと国家のイデオロギー装置」アルチュセール，L.・山本哲士・柳内隆『アルチュセールの〈イデオロギー〉論』三交社
ブルデュー，P.・J.パスロン著／宮島喬訳，1991，『再生産』藤原書店
ボウルズ，S.・H.ギンタス著／宇沢弘文訳，1986，『アメリカ資本主義と学校教育——教育改革と経済制度の矛盾』岩波書店
フーコー，M.著／田村俶訳，1977，『監獄の誕生——監視と処罰』新潮社
フレイレ，P.著／小沢有作ほか訳，1979，『被抑圧者の教育学』亜紀書房
イリイチ，I.著／東洋・小沢周三訳，1977，『脱学校の社会』東京創元社
苅谷剛彦ほか，2008，『杉並区立「和田中」の学校改革——検証地方分権化時代の教育改革』岩波ブックレット
キルパトリック，W.H.著／鈴木弘美・平野智美訳，1991，『モンテッソーリ法の検討』東信堂
小松佳代子，2006，『社会統治と教育——ベンサムの教育思想』流通経済大学出版会
倉橋惣三，1933，「保育の真諦並に保育案，保育課程の実際——講習会講義速記」『幼児の教育』33（8・9）
ミル，J.S.『クレストマティア』
ルソー，J.J.著／今野一雄訳，1962，『エミール（上）』岩波文庫
ルソー，J.J.著／阪上孝訳，1998，『政治経済論』（ルソー全集 第5巻）白水社
佐藤学，1996，『教育方法学』岩波書店
寺崎弘昭，1991，「近代学校の規律空間と子どもの権利条約」『教育学研究』58（3），日本教育学会

●第 8 章

文部科学省，2014，「学校評価ガイドライン〔平成 22 年改訂〕」
文部科学省，2015a，「幼稚園における学校評価ガイドライン〔平成 23 年改訂〕」
文部科学省，2015b，『諸外国の教育動向 2014 年版』明石書店
日本教育法学会，2001a，『講座 現代教育法 2 子ども・学校と教育法』三省堂
日本教育法学会，2001b，『講座 現代教育法 3 自治・分権と教育法』三省堂
二宮皓，2013，『新版 世界の学校——教育制度から日常の学校風景まで』学事出版
土屋基規，2011，『現代教育制度論』ミネルヴァ書房

●第 9 章

別府悦子，2013，「特別支援教育における教師の指導困難とコンサルテーションに関する研究の動向と課題」『特殊教育学研究』50（5）
藤崎春代・木原久美子，2010，『「気になる」子どもの保育』ミネルヴァ書房
浜谷直人・五十嵐元子・芦澤清音，2013，「特別支援対象児が在籍するクラスがインクルーシブになる過程——排除する子どもと集団の変容に着目して」『保育学研究』51（3）
本郷一夫・澤江幸則・鈴木智子・小泉嘉子・飯島典子，2003，「保育所における『気になる』子どもの行動特徴と保育者の対応に関する調査」『発達障害研究』25（1）
石隈利紀，1999，『学校心理学——教師・スクールカウンセラー・保護者のチームによる心理教育的援助サービス』誠信書房
北原佶，2013，「発達障害における医学モデルと生活モデル」『発達障害研究』35（3）
松永あけみ，2013，「『気になる』子どもへの保育者の対応と周囲の子どもたちへの影響に関する保育者の意識調査」『群馬大学教育学部紀要 人文・社会科学編』62
文部科学省，2012，「通常の学級に在籍する発達障害の可能性のある特別な教育的支援を必要とする児童生徒に関する調査」調査結果
村田朱音・松崎博文，2009，「特別支援児が在籍する通常学級における包括的な学級支援（2）」『福島大学総合教育研究センター紀要』6
村田朱音・松崎博文，2010，「特別支援児が在籍する通常学級における包括的な学級支援（3）」『福島大学総合教育研究センター紀要』8
内閣府，2011，「障害者白書 平成 23 年版」
太田俊己，2007，「特別支援教育の『支援』の意味——子ども主体のニーズからの視座」『特別支援教育研究』595
佐藤慎二，2007，「ユニバーサルデザインの授業づくりのために」『特別支援教育研究』596
新保真紀子，2001，『「小 1 プロブレム」に挑戦する——子どもたちにラブレターを書こう』明治図書
杉山登志郎・辻井正次監修，2011，『発達障害のある子どもができることを伸ばす！学童編』日東書院
田中康雄，2004，『わかってほしい！気になる子——自閉症・ADHD などと向き合う保育』学研

柘植雅義，2014，『ユニバーサルデザインの視点を活かした指導と学級づくり』金子書房
内山登紀夫監修／安倍陽子・諏訪利明編，2009，『こんなとき，どうする？発達障害のある子への支援　小学校』ミネルヴァ書房

●第10章
中央教育審議会，2005，「子どもを取り巻く環境の変化を踏まえた今後の幼児教育の在り方について──子どもの最善の利益のために幼児教育を考える（答申）」
深田昭三，2001，「入学式の前と後──小学校への移行」無籐隆編『発達心理学』ミネルヴァ書房
学級経営研究会，2000，「学級経営をめぐる問題の現状とその対応──関係者間の信頼と連携による魅力ある学級づくり」
尾木直樹，1999，『「学級崩壊」をどうみるか』日本放送出版協会
埼玉県教育委員会，2012，「『接続期プログラム』──幼児期の教育と小学校教育の円滑な接続を目指して」
佐々木宏子・鳴門教育大学学校教育学部附属幼稚園，2004，『なめらかな幼小の連携教育──その実践とモデルカリキュラム』チャイルド本社
新保真紀子，2001，『「小1プロブレム」に挑戦する──子どもたちにラブレターを書こう』明治図書
東京都教育委員会，2012，「小1問題・中1ギャップの予防・解決のための『教員加配に関わる効果検証』に関する調査の結果について」
幼児期の教育と小学校教育の円滑な接続の在り方に関する調査研究協力者会議，2010，「幼児期の教育と小学校教育の円滑な接続の在り方について（報告）」文部科学省
幼児教育の振興に関する調査研究協力者会合，2001，「幼児教育の充実に向けて──幼児教育振興プログラム（仮称）の策定に向けて（報告）」文部科学省

●第11章
阿部彩，2008，『子どもの貧困──日本の不公平を考える』岩波書店
秋田喜代美・松本理寿輝・まちの保育園，2016，『私たちのまちの園になる──地域と共にある園をつくる』フレーベル館
バーンスティン，B.著／久冨善之ほか訳，2000，『〈教育〉の社会学理論──象徴統制，〈教育〉の言説，アイデンティティ』法政大学出版局
ブルデュー，P.・J.パスロン著／宮島喬訳，1991，『再生産』藤原書店
バトラー，J.著／竹村和子訳，1999，『ジェンダートラブル──フェミニズムとアイデンティティの攪乱』青土社
船橋一男，2009，「生活指導」木村元・小玉重夫・船橋一男『教育学をつかむ』有斐閣
金子郁容，1992，『ボランティア──もうひとつの情報社会』岩波書店
木村涼子，1999，『学校教育とジェンダー』勁草書房
OECD編，2011，『OECD保育白書──人生の始まりこそ力強く：乳幼児期の教育とケア

（ECEC）の国際比較』明石書店

ライチェン，D. S.・L. H. サルガニク編／立田慶裕監訳，2006，『キー・コンピテンシー――国際標準の学力をめざして』明石書店

田中智志・今井康夫編，2009，『キーワード　現代の教育学』東京大学出版会

索引

事項索引

● あ 行

ILO（国際労働機関）　76
『赤い鳥』　123
アクティブ・ラーニング　8, 214
足場かけ　59
遊び　14, 15
　——を通しての指導　14
アプローチカリキュラム　196
安心・安定　18
医学モデル　181
一斉授業　6, 7, 60, 104
遺伝と環境　53-55
遺伝は環境を通して　53
居場所　17
インクルーシブ教育　95
インクルージョン　180
ASD　→自閉症スペクトラム障害
AD/HD　→注意欠陥・多動性障害
educare　2, 3
education　2
『エミール』　133
園舎　44
園務分掌　162
OECD（経済協力開発機構）　9
応答的環境　43
オープン・スクール　7
オープン配置型の園舎　46
恩物　98, 105
恩物主義　105
恩物批判　135

● か 行

外国籍の子ども　96
カウンセリングマインド　75
格差　140, 206
学習　27, 57
学習観　60
学習権　142
学習指導要領　5, 108, 109, 138, 155, 191
学制　83, 90, 91, 98, 151
学童期　64
学力の3つの要素　199
学齢　92, 94
隠れたカリキュラム　208, 209
可塑性　55
学級経営　161
学校　2
　——の系統　149
　——の体系　148
　——の段階　148
学校運営協議会　164
学校教育法　6, 95, 99, 102, 154, 155, 199
学校コンサルテーション　184
学校評価　164
学校評議員　164
家庭学校　113
家庭教育　153
身体を通した学び　17
カリキュラム　4, 6
感化院　113
感化救済事業　113
感化法　114, 117
環境との相互作用　57

環境にかかわって遊ぶ体験　35	教育の保障　138
環境の構成　36	教育の目的　153, 198
環境の再構成　37, 43	教育の連続性　28
環境理解　40	教育令　91, 94
環境を通して行う教育　36, 44	教育を受ける権利　92, 152
間接体験　37, 170	教員免許更新制　84
機会の捕捉　24	教員免許制度　82
キー・コンピテンシー　212	教具　135
気になる子　170, 173, 181	教師のライフステージ　78
義務教育　90-94, 152, 207	協働　30, 214
義務教育期間　151	共同体　144, 213
──の延長　94	協同的学習（協同的な学び）　7, 60, 197, 198
義務教育費国庫負担制度　83, 159	教諭　84
虐待　178	規律訓練　139
教育　2	近代化　132, 206
教育委員会　158	近代市民社会　134
教育改革　106	グローバル化　74, 109, 210
教育科学研究会　120	ケア　3
教育課程　6, 191, 199	計画　71
教育機会確保法　96	計画→実践→評価　71
教育機会の平等　139	経験主義　144
教育基本法　6, 81, 93, 103, 153, 157	経済効果　10
教育行政　157	限局性学習障害（SLD）　175, 177
教育行政改革　159	公教育　90, 152, 202-204, 206
教育計画　4	公共性　202
教育思想　132	校舎　44
教育者像　76	工場法　94
教育職員免許法　82	構成主義　58
教育勅語　92	構成主義的アプローチ　58
教育内容の自由選択　204	公的領域　205
教育内容や方法の管理　138	高等教育　149
教育の機会均等　95, 153	行動主義　57
教育の公共性　210	行動主義的アプローチ　57
教育の自由　204	校内委員会　184
教育の段差　191, 192, 194	公民教育　137
教育のねらい　191	校務分掌　162
教育の平等　208	国民学校令　92, 94
教育の不平等　141	国民教育　90
教育の方法　191	

孤児院　　113
個　性　　121
子育て支援　　215, 216
子育て支援センター（子ども家庭支援センター）　　75, 216
子育てのネットワーク　　216
国家のイデオロギー装置　　140
子ども教育　　4
子ども教育者　　70
子ども教育における環境　　34
子ども・子育て関連3法　　159
子ども・子育て新制度　　103
子どもの権利　　136
子どもの権利条約　　115, 126
子ども理解　　40, 41
コミュニケーション能力　　55
コミュニティ・スクール　　164
コンサルテーション　　184
コンダクト・カリキュラム　　107
コンピテンシー　　212, 214

● さ　行

再生産論　　141, 208
ジェンダー　　209
自覚的な学び　　199
施設保護　　115
自然環境　　35, 48
実　践　　72
実践記録　　121, 122
シティズンシップ教育　　211
私的領域　　205
児童観察　　119
児童期　　28, 64, 198
児童虐待　　115
児童虐待防止法　　114, 115
指導計画　　37
児童研究　　119
児童憲章　　125
児童相談所　　115

児童の権利に関するジュネーブ宣言　　125
児童の権利に関する宣言　　125
児童福祉施設　　156
児童福祉法　　101, 102, 114, 155
児童文学　　123
師範学校　　83, 104
自閉症スペクトラム障害（ASD）　　175, 176, 181
資本主義社会　　206, 207, 213
市民教育　　137
社会化　　66, 67
社会脳仮説　　55
社会文化的アプローチ　　58
就園率　　100
就学義務　　96
就学前教育　　148
就学率　　93
授業改革　　7
恤救規則　　112
小1プロブレム　　149, 170, 188, 189, 192, 193
生涯学習　　27, 52
障害児教育　　95
生涯発達　　52
小学校　　90, 91, 155
小学校教育　　190, 192
小学校令　　91-93
状況主義　　59
状況主義的アプローチ　　59
少子化　　170, 216
少年教護法　　114
少年法　　116, 117
職員会議　　163
初等教育　　148
新教育　　106
人　権　　124
尋常小学校　　92
身体知　　144
新中間層　　123

人的環境　35
心理社会的危機　62, 64
随伴性　57
スクールカウンセラー　162
スクールソーシャルワーカー　162
スタートカリキュラム　195
生活科　37, 109, 188
生活から教科へ　30
生活綴方　121, 122, 213
生活モデル　181
省察　77
政治参加　133
政治参加主体　137, 138
正統的周辺参加　59, 144
接続期　198
説明責任（アカウンタビリティ）　164
セツルメント運動　101
専門家　76
専門家としての成長　77
総合学習　60
相当免許状主義　82

● た 行

待機児童　160
対話　142, 213
対話的な協働空間　30
タテの連携　185
タテ方向の発達　53
多様性　204, 217
単線型　149, 150
地域コミュニティ　215
知識基盤社会　60, 74, 109
知能テスト　119, 120
注意欠陥・多動性障害（AD/HD）　175, 176, 181
中学校　93
中等教育　148
直接体験　170
直観　134

伝え合い保育　121, 214
寺子屋　104
童心主義　122, 123
特別支援教育　95, 179
特別支援教育コーディネーター　184
友達とのつながり　20
豊川保育園　214
ドルトン・プラン　107

● な 行

二次障害　182
日本国憲法　93, 96, 152
乳児期　64
乳幼児期　14, 18, 28, 215
認知発達理論　58
認定こども園　85, 103, 156
認定こども園法　156
ネグレクト　56
ネットワーク　216, 217

● は 行

発　達　5, 52
　——の可塑性　56
　——の過程　61
　——の個人差　55
　——の最近接領域　22, 59
発達課題　62, 64, 65
発達期待　67
発達障害　55, 170, 175, 177
発達障害者支援法　179
発達段階　62-64
パノプティコン　139
パレンス・パトリエ　117
PISA　109, 188, 208, 212
人とのかかわり　199
1人ひとりに応じた教師のかかわり　18
評　価　72
ファミリー・サポート・センター　216
複線型　149, 150

索　引 ● 229

二葉幼稚園　100
物的環境　35, 48
不適切な養育　178
不登校　96, 97
不平等の再生産　208
プラグマティズム　142
フリースクール　96
プレーパーク　216
プロジェッタツィオーネ　8, 127
文化　3
文化的環境　35
分散型の園舎　46
ヘイトスピーチ　207
保育　4, 9
保育教諭　85
保育士登録制度　82, 85
保育者　75
保育所　100, 103, 155, 156
保育所保育指針　14, 98, 102, 156
保育への公共投資　9
保育問題研究会　120
保育要領　102, 108
方面委員制度　113

● ま　行

マイノリティ　205
マジョリティ　205, 210
学び　28
学びの基礎力の育成　199
学びの総体　6
学びの芽生え　28, 199
3つの自立　199
民主主義　108
民族学校　204
メンター　80
メンタリング　80

求められる資質と能力　74, 76
モニトリアル・システム　140
もの・こと・人・自然・状況　37
ものとのかかわり　199
問題解決型学習　60

● や　行

ゆとり　109
ユニバーサルデザイン　180
ユネスコ　9, 76
養護学校　95
幼児期　34, 198
幼児期の教育　190, 192
幼児後期　64
幼児前期　64
幼小接続　188, 193, 197, 199
幼小の教育の連続性と一貫性　198
幼小の交流　194
幼小連携　188, 193
幼稚園　84, 98, 154
幼稚園教育要領　5, 14, 27, 102, 108, 109, 138, 154
幼稚園就園奨励費補助事業　159
幼稚園令　99, 102
幼保一元化　102, 103
ヨコの連携　185
ヨコ方向の発達　53

● ら　行

リアリティ・ショック　79
レッジョ・エミリアの幼児教育　8, 127, 128, 137
レディネス　9
ローカルな文化　213
6・3・3制　151

人名索引

● あ 行

赤井米吉　107
アルチュセール，L.　140
アレント，H.　205, 213, 214
池上雪枝　113
石井十次　113
乾　孝　121
イリイチ，I.　141, 208
ヴィゴツキー，L.　22, 59
ウェンガー，E.　59, 144
エリクソン，E.H.　62, 64
小川博久　15

● か 行

城戸幡太郎　120, 143
木下竹二　107
キルパトリック，W.H.　107, 142
ギンタス，H.　141
倉橋惣三　24, 108, 122, 136
ケイ，E.　124, 136
コメニウス，J.A.　137

● さ 行

佐藤学　3, 6
真田幸憲　107
鈴木三重吉　122

● た 行

デューイ，J.　142, 144

デュルケーム，E.　203
留岡幸助　113

● は 行

パスロン，J.-C.　140
バトラー，J.　209
バーンスティン，B.　208
ピアジェ，J.　58, 63
ヒル，P.　107
ブルデュー，P.　140, 208
ブルーナー，J.S.　59
フレイレ，P.　142, 143
フレーベル，F.　14, 15, 98, 135
ブロンフェンブレンナー，U.　66
ペスタロッチ，J.H.　134
ベンサム，J.　139
ホイジンガ，J.　15
ボウルズ，S.　141

● ま 行

槇本楠郎　123
モンテッソーリ，M.　135, 142

● ら 行

ルソー，J.-J.　133, 134, 137
レイヴ，L.J.　59, 144

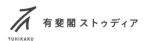

はじめての子ども教育原理
Introduction to Early Childhood Education and Care

2017 年 7 月 20 日　初版第 1 刷発行
2023 年 1 月 30 日　初版第 2 刷発行

編　者　　福元　真由美

発行者　　江草　貞治

発行所　　株式会社　有斐閣
　　　　　郵便番号　101-0051
　　　　　東京都千代田区神田神保町 2-17
　　　　　http://www.yuhikaku.co.jp/

印刷・萩原印刷株式会社／製本・牧製本印刷株式会社
©2017, Mayumi Fukumoto. Printed in Japan
落丁・乱丁本はお取替えいたします。
★定価はカバーに表示してあります。
ISBN 978-4-641-15036-2

JCOPY　本書の無断複写（コピー）は、著作権法上での例外を除き、禁じられています。複写される場合は、そのつど事前に、（社）出版者著作権管理機構（電話03-3513-6969, FAX03-3513-6979, e-mail:info@jcopy.or.jp）の許諾を得てください。